나의 첫
채권투자
교과서

1등 채권 전문가 최석원과 함께하는 제대로 된 채권투자 수업

나의 첫
채권투자
교과서

최석원 지음

한스미디어

FIXED-INCOME
INVESTMENT

주식과 채권이 병존하는 새로운 투자 세상

이종우·이코노미스트, 전 IBK투자증권 센터장

주식 분석을 업으로 삼고 살았던 지난 35년 동안 개인적으로 풀리지 않는 숙제가 하나 있었습니다. "과연 우리나라에서 주식투자로 돈을 벌 수 있을까?"라는 질문에 대한 답을 찾는 것이었습니다. 미국 경제를 만든 토대가 자본시장의 발전에 있고 그사이에 수없이 많은 투자 성공 사례가 있음을 감안하면 주식투자로 돈을 벌 수 있다는 사실은 너무도 명확한데도, 이를 의심한다는 것이 이상하게 생각되기까지 했습니다.

투자의 성공 사례는 우리나라에서도 발견할 수 있습니다. 미국처럼 한 시대를 움직일 만큼의 부를 축적한 투자자를 찾기 어려울 뿐 주식투자로 어지간한 부를 만든 사람은 주위에서 어렵지 않게 찾아볼 수 있습니다. 그래서인지 최근에는 현업을 그만두고 주식투자를 업으로 삼으려는 사람들도 부쩍 늘고 있는 것 같습니다.

하지만 정작 중요한 것은 사람에 초점을 맞춘 특정 사례가 아닙니다. 많은 투자자들에게 주식이 과연 꾸준하게 안정적인 수익을 만들어낼 수단이 되어왔느냐가 더 중요한데, 이런 측면에서 우리나라 주식은 상당히 아쉬운 결과를 남겨왔습니다.

이 같은 점은 수치로도 확인됩니다. 우리 주식시장이 본격적으로 커지기 시작하던 1990년 코스피 시가총액은 70조 원에 지나지 않았습니다. 지금 해당 수치가 2,300조 원에 달하는 것을 생각하면 수십 년 사이 시장의 규모는 30배 이상 커진 것이 분명합니다. 하지만 주가지수는 700에서 2,500으로 4배 오르는 데 그쳤습니다. 많은 기업들이 주식시장에 들어오면서 전체 시가총액은 커졌지만, 각 주식의 평균적인 가격 상승은 그에 훨씬 못 미쳤던 것입니다. 수익성이 우선인 투자자들 입장에서 봤을 때 이는 실망스러운 결과가 아닐 수 없습니다.

이처럼 오랜 시간 평균 투자수익률이 금리 수준에도 미치지 못하는 상황은 새로운 투자 수단에 대한 투자자들의 관심으로 이어질 수밖에 없습니다. 2020년부터 시작된 개인의 주식투자 열풍에 이어 2022년 하반기부터 시작된 개인의 채권투자는 이제 채권을 하나의 투자자산으로 자리 잡게 만드는 시발점이 되고 있습니다. 이는 부족하면 어떤 방법으로든 이것을 채우려 하고 이를 채우는 과정에서 새로운 지평이 열리는 자연의 이치를 반영한 결과입니다.

경제적 측면에서도 채권에 대한 관심은 늘어날 것입니다. 앞으로 우리 경제는 2%대 성장을 넘기 힘듭니다. 시간이 지나도 성장이 추세적으로 낮아질 뿐 올라가지는 않을 것입니다. 경제가 성숙 단계에 들어가 상승 탄력이 약해진 데다 인구 추이 등을 살펴볼 때 성장을 견인할 만한 동력이 없기 때문입니다.

낮은 성장이 피할 수 없는 현실이 된 만큼, 투자의 방법과 전략도 그에 맞게 변할 수밖에 없습니다. 이제 주식과 채권이 투자의 세계에서 병존하는 세상이 되었습니다. 채권에 대한 공부를 본격적으로 시작할 때인 지금, 전문가의 경험과 노하우가 오롯이 녹아든 이 책의 발간이 반갑기 그지없습니다. 채권투자 공부에 든든한 벗이 되어주리라 믿습니다.

지금보다 더욱 밝은 투자의 미래, 채권투자의 세계에 오신 것을 환영합니다

1993년에 경제학으로 대학원을 졸업한 후 대우경제연구소라는, 그 당시 국내에서 제일 컸던 민간 경제연구소에 입사할 때만 해도 채권 전문가라는 타이틀이 평생 저를 쫓아다닐 거라고는 전혀 생각하지 못했습니다. 솔직하게 얘기하면 학교를 졸업할 때까지 저는 채권이 무엇인지도 전혀 몰랐고, 채권조사실이라는 팀으로 첫 발령을 받을 때 '주식도 아니고 채권?'이라는 생각을 했던 것이 사실입니다.

게다가 지금 생각해보면 실제 그 당시 우리나라의 채권시장 역시 저와 마찬가지로 첫 단계에 불과했습니다. 규모나 제도 모두 정말 초기 단계였고, 사실 시장이라고 표현하기도 어려운 상태였습니다. 발행되는 채권은 대부분 은행 보증 회사채나 한국은행이나 산업은행과 같은 국책은행들이 발행하는 것들이었고, 전화를 통해 일부 기관투자자들과 브로커들이 인간관계를 통해 거래하는 시장이었죠. 당연히 분석을 위한 정보를 얻기도 어려웠고, 열심히 분석한 결과가 투자에 잘 활용되지도 못했습니다.

하지만 30년이 넘는 기간을 금융시장에서 일하면서, 저는 채권으로 직장생활을 시작해 채권을 분석하고 거래할 수 있었던 이 시간들을 진심으로 감사하게 생각합니다. 한 나라의 채권시장 발전을 바로 옆에서, 그것도 시장 분석가와 실제 투자자로서 모두 경험할 수 있었기 때문입니다. 제 의도와 노력만으로는 결코 얻을 수 없는 행운이었다고 생각합니다. 초기 시장에 참여했다는 이유만으로 분에 넘치는 평가를 받게 된 것 역시 큰 행운이었습니다.

이제 우리나라 채권시장은 국제 금융시장에서 양적으로나 질적으로 많은 선진국과 어깨를 겨룰 만큼 성장했습니다. 늘 그렇듯 채권시장에 참여하는 실제 참가자들은 발전의 속도를 잘 느끼지 못할 수 있습니다. 그러나 한 발짝 떨어져 보면 우리 채권시장은 참여자들의 수많은 노력을 바탕으로 정말 많이 발전했습니다. 글로벌 기관투자자 입장에서 볼 때 이제 한국 채권시장은 여러 면에서 중요한 시장일 것이라 생각합니다.

그럼에도 불구하고 우리 채권시장에는 더 발전해야 할 영역이 아직 남아 있습니다. 바로 개인들의 직접 채권투자 시장입니다. 최근 들어 오랜 기간의 저금리가 마무리되며 채권에 대한 관심이 늘어난 반면, 여전히 개인투자자들에게 채권은 너무 어려운 자산이라 느껴지고 있고, 채권시장은 접근하기 어려운 시장이라는 인식이 많습니다. 그래서 많이 늘었지만, 주식에 비해서는 여전히 소수의 개인투자자만 직접 채권에 투자하는 상황입니다. 제가 이 책을 쓰게 된 이유입니다.

아주 솔직하게 말하면 채권은 주식에 비해 익숙해지기 어려운 자산이고, 주식에 투자할 때와 같이 편한 시스템이 마련되어 있지 않은 것도 사실입니다. 그러나 이미 많은 투자자가 투자를 시작한 것에서 확인할 수 있듯이, 어렵기 때문에 포기할 자산도 아니고, 각종 시스템은 투자자가 늘어나는 속도에 맞춰 개선되고 있습니다.

또한, 채권은 주식만큼 큰 이익을 내주진 않지만 시간을 견딜 수만 있다면 확실한 이익을 얻을 수 있는 안정적인 자산이기 때문에, 전문적인 기관투자자가 아니라면 주식에 투자할 때처럼 엄청난 양의 정보를 분석하고 공부할 필요도 없습니다. 기초적인 지식만 가지면 손실에 대한 우려 없이 확정된 소득을 얻을 수 있다는 얘기입니다. 이 때문에 채권의 매력을 알아채기 시작한 투자자들이 점차 늘고 있는 상황입니다.

책을 쓰기까지 많은 결심이 필요했습니다. 본래 책을 쓰는 데 제가 부족한 사람일 뿐 아니라, 최근 관심이 늘어나면서 채권투자에 대한 정보가 크게 늘어난 상황이고, 이를 통해 채권에 대한 지식이 풍부한 개인투자자들도 이미 많아졌기 때문입니다. 특히 저보다 훌륭한 많은 저자가 채권투자의 기초에 대해 책을 내왔고, 나아가 역사를 넘나드는 지식을 바탕으로 채권투자, 더 크게는 자본시장과 경제 전체를 설명하는 책들을 많이 발간하고 있음을 알고 있습니다. 이런 책들을 접하신 분들은 제가 쓴 책에서 도움을 받을 게 별로 없을 것이므로 제 입장에서는 발간한 후 부끄러워질 것이 뻔하다는 생각이 컸습니다.

하지만 여전히 주변의 많은 분이 채권투자에 어려움을 겪고 있는 것을 보면서, 이미 나와서 읽히고 있는 좋은 책들과는 조금 다른 저의 방식으로 채권투자와 채권시장의 입문서를 써보는 것이 어떨까 하는 생각을 하게 되었습니다. 특히 잘 알려지지 않은 역사적 사실이나 복잡한 설명들을 통해 재미와 지적 호기심을 만족시켜주는 이른바 '지식을 뽐내는 책'보다는, 그냥 편하게 만나서 2~3시간 얘기하며, 이런 방식으로 채권을 생각하고 투자해보면 어떨까 하는 마음에서 책을 쓰고 싶었습니다. 완성된 원고를 보니 여전히 부끄러운 수준이지만, 이 책을 읽으시면서 30년, 100년, 500년 전 몰랐던 어떤 일을 알게 됨으로써, 또한 복잡한 채권상품 구조를 이해함으로써 얻는 희열보다는, '이 정도면 나도 채권에 투자해볼 수 있겠는걸' 하는 마음이 조금이라도 생기시길 기대합니다.

책이 완성되기까지 많은 분의 도움이 있었습니다. 채권시장에 참여하는 동안 저에게 많은 도움을 주셨던 선배, 동료, 후배님들은 이 책을 쓸 때도 제 기억 속에서 수시로 도와주셨습니다. 책의 부끄러운 부분은 모두 제 것이고, 혹시라도 좋은 부분이 있다면 그건 모두 제 기억 속의 선배, 동료, 후배님들의 것이라고 생각합니다. 제가 몸담고 있는 SK증권에서 저와 같이 일하고 있는 동료 구성원 모두에게도 감사한 마음입니다. 특히 지치고 흔들릴 때마다 격려해주시고 방향을 제시해주시는 김신 사장님께 늘 감사드립니다.

조금 더 직접적으로는 채권투자에 대한 개인투자자들의 궁금점들을 정리해 말씀해주신 매일경제신문사의 홍장원 기자님과 미숙한 원고를 잘 정리해주신 한스미디어의 모민원 팀장님께 감사드립니다. 제가 업무를 핑계로 늑장을 부릴 때나 부끄러움을 이유로 책 쓰기에 미적거릴 때 용기를 받은 것도, 이 책이 그래도 책답게 나올 수 있었던 것도 오로지 두 분 때문입니다.

언제나 저를 응원해주시는 어머니와 가족 모든 분께도 감사드립니다. 특히 지금은 타지에서 공부하느라 주로 전화로 소통해야 하는 안타까움이 있지만, 사랑하는 아들 정준이가 주고 있는 기쁨과 용기는 이 책을 완성하는 근본적인 힘이 되었습니다.

마지막으로, 아내 홍경희에 대한 감사는 말로 부족합니다. 그래서 부족한 첫 책이지만, 발간하게 된 감사의 글을 통해 마음을 전합니다. 다음 생에서도 만나기로 한 약속 잊지 마시길.

2023년 7월 마지막 날
여의도 사무실에서
최석원

Contents

1장 채권이라는 새로운 투자 대안

2장 채권시장에 모여드는 개인투자자들

5장 채권가격 예측하기

6장 채권 공부는 금리 공부

1장

채권이라는
새로운 투자 대안

FIXED-INCOME
INVESTMENT

투자의 발상
바꾸기

인생을 바꿀 한 방을 노리는 사람들

한국 투자자들은 화끈한 성향이 있습니다. 수익률 3~4%는 거들떠보지도 않는 사람이 많습니다. 몇 배, 몇십 배로, 그것도 단기간에 자산가치가 올라야 제대로 된 투자라고 여기고, 이런 투자 정보를 얻기 위해 애씁니다. 그래서 코인 열풍이 분 적이 있었습니다. 20대 젊은이가 아르바이트해서 번 돈을, 심지어 빌린 돈을 몽땅 코인에 밀어 넣는 경우를 드물지 않게 볼 수 있었습니다. 코로나19가 기승을 부릴 때는 이른바 바이오 주식에 투자하는 사람이 많았습니다. 치료제나 진단

키트, 백신 등이 개발되면 수십 배로 주가가 뛸 것이라며 이름도 생소한 제약회사 주식을 사들이곤 했습니다.

물론 이 과정에서 큰돈을 만진 사람이 있습니다. 그런데 그들 중에서도 그 수익을 장기적으로 유지한 사람은 낮은 비율입니다. 말하자면 위험 투자에서 결과적으로 수익을 본 사람은 몇 안 된다는 것입니다. 반면 실패의 대가는 혹독합니다. 대다수가 투자금의 절반 이상을 잃었습니다.

특정 시기에 매몰되지 않고 장기적인 관점에서 넓게 펼쳐놓고 보면 진실을 발견할 수 있습니다. 코인이 상승하며 이익을 남긴 시기는 극히 짧습니다. 주가는 역사적으로 우상향했습니다. 그런데 일반적인 투자 기간인 3~5년을 끊어놓고 보면 대부분의 시기가 박스권에 갇혀 횡보했습니다. 주가가 급등한 시기는 매우 짧습니다. 우리 주변에 주식으로 재미를 보았다는 사람이 드문 이유가 여기에 있습니다. 반면 주가 급락으로 큰 손해를 본 사람은 많지요.

위험 자산에 투자할 때는 그 돈을 다 날려도 된다는 마음가짐으로 시작하는 게 바람직합니다. 그리고 전체 포트폴리오 비중에서 비율이 낮아야 합니다. 그런데 한 방으로 인생을 역전시키겠다는 욕심으로 무리한 투자를 하면 낭패를 보기 십상입니다. 투자 관점의 변화가 필요합니다.

예금에 매인 사람들

이와는 반대로 극단적인 안정 추구형도 있습니다. 이들 중에는 안정성으로 따지면 은행 예금이 가장 낫다고 여기는 이들이 다수입니다. 은행 밖은 지옥이라는 생각으로 다른 방법은 쳐다보지도 않습니다. 하지만 실제로는 채권이 예금보다 우위를 갖는 경우가 많습니다. 금융서비스 이용이 아닌 자산 증식 측면에서는 채권이 더 유리한 게 현실입니다. 은행이 안전하다는 것은 신용이 높다는 뜻입니다. 즉, 망할 가능성이 거의 없다는 의미입니다. 그런데 같은 은행의 예금금리와 그 은행이 발행한 채권금리를 비교해보면 대체로 채권금리가 더 높습니다. 똑같은 안정성 기반에서 수익은 예금보다 채권이 높다는 이야기입니다.

때때로 예금은 유동성, 환금성이 뛰어나다는 이야기를 합니다. 하지만 유동성이 높은 예금은 굉장히 금리가 낮습니다. 예를 들어 내가 지금 당장이라도 출금할 수 있는 보통예금은 거의 금리가 없는 수준입니다. 그런데 채권은 내가 유동성이 필요한 순간에 조금의 일부 수익을 포기하더라도 팔아서 유동화시킬 수 있습니다. 유동성 면에서 보아도 채권이 괜찮습니다.

그리고 회사채 중에는 은행과 비슷하거나 심지어 은행보다 더 높은 신용도를 가졌는데, 단지 기업이 발행했다는 이유만으로 금리가 더 높은 채권이 많습니다. 그래서 선택하기에 따라, 예금보다 더 수익률이 높고 주식보다 훨씬 안정적인 형태로 자산을 지키고 관리할 수 있습니다.

부동산 불패 신화를 믿는 사람들

위험하다는 이유로 주식투자를 피하면서도 부동산, 특히 주택은 안전하다고 여기는 분들이 많습니다. 우리나라는 역사적으로 부동산가격이 우상향하는 추세를 보여왔으니, 이에 대한 믿음이 매우 커진 게 사실입니다. 그러나 앞으로도 부동산이 안전하고 수익성이 큰 자산이라고 확신할 수는 없습니다. 과거와 달리 부동산 기대수익률이 점점 떨어질 수밖에 없는 상황입니다. 몇 가지 이유를 말씀드리겠습니다.

첫째, 현재까지 부동산가격 상승을 부채질해온 저금리가 재현되기 어렵습니다. 부동산가격은 채권과 마찬가지로 금리와 밀접합니다. 금리가 낮을수록 대출을 받아 집을 사는 수요가 늘어 가격이 상승하는 패턴을 보입니다. 뒤에 더 자세히 이야기하겠지만, 앞으로 상당 기간 과거와 같은 초저금리 시대는 반복되지 않을 것이라는 게 합리적 예측입니다.

둘째, 인구구조의 변화입니다. 우리나라도 인구가 줄어드는 단계로 접어들었습니다. 국내에서는 1인 가구 증가로 아직 가구수 자체가 줄어들지는 않았지만, 일본은 이미 가구수 축소가 시작되었습니다. 우리도 같은 일이 얼마 남지 않았습니다. 장기적으로 볼 때 부동산 수요 자체가 줄어든다는 겁니다.

셋째, 정부 정책 등은 대체로 부동산가격 상승을 억제하는 쪽으로 진행되고 있습니다.

이런 몇 가지 이유를 보면 당분간 부동산가격의 극적 상승을 기대하기는 어렵습니다. 그렇다면 부동산시장에서 투자자가 기대할 수 있는 것은 시세차익보다는 임대수익입니다. 월세 수입이 주가 되어야 할 것입니다. 그런데 임대는 중간에 수입 공백이 생길 수 있다는 리스크가 있습니다. 빈틈 없이 임대료를 받으면 좋지만, 한 달이라도 월세를 못 받는 시기가 오면 이중으로 돈이 들어갑니다.

부동산 보유에 대한 세금도 진지하게 고려해야 할 것입니다. 부동산은 자산을 보유하고 있다는 그 자체로 세금을 부과합니다. 재산세, 종합부동산세 등이 그것입니다. 이것이 금융자산에는 없습니다. 금융자산은 이익에 대해서만 세금을 냅니다. 원금 자체에 대해서 세금을 매기지 않습니다. 원금에 대해 말하자면 자산 자체에 대해서 세금을 매기는 것은 부동산과 자동차뿐이죠. 이것은 부동산이 가지고 있는 공공성 때문입니다. 앞으로 부동산 관련 보유 세금은 더 점점 높아지는 추세를 보일 것입니다.

부동산에 대해 냉정히 생각해봐야 합니다. 가격은 오르기 쉽지 않은 구조로 바뀌고 있고 세금 부담은 계속 무거워지는 자산에 투자하는 게 합리적인 걸까요? 그리고 임대 수입 공백은 계속 존재한다는 겁니다. 채권은 중간에 이자를 빠뜨리는 경우가 없습니다. 그게 법률적 의무입니다. 이렇게 비교해보면 채권이 가진 독특한 강점이 드러납니다.

채권은 새로운 투자 대안

채권투자는 소수 전문가가 하는 것이라고 생각하는 분들이 있습니다. 과거 그런 경향이 있었습니다. 하지만 지금 모두가 편리하게 채권투자를 할 수 있는 여건이 조성되고 있습니다. 그리고 소액투자도 가능해지고 있습니다. 적절한 지식을 쌓고 증권회사를 이용하여 안내를 받으면 어렵지 않게 채권투자가 가능합니다.

한국 투자자들이 발상을 바꾸어야 합니다. 투자라고 하면 주식이나 코인 같은 것을 떠올리는 분들이 있는데, 채권을 기본으로 생각하시는 게 바람직합니다. 굉장히 높은 기대수익률을 기대하고 투자 성과를 행운에 기대는 것은 투자가 아닌 투기라고 해야 할 것입니다.

우리가 투자할 때는 이 투자를 하는 합당한 이유가 충분해야 합니다. 그 투자를 하는 이유가 막연히 가격이 올라갈 것 같다는 추측이면 안 됩니다. 내가 사는 자산이 기대수익을 올려줄 수 있을 거라는 믿음의 근거가 되는 합리적 이유가 있어야 한다는 것입니다. 그런데 주식에서 기대수익의 근거는 그 기업이 앞으로 이익을 많이 낼 것이라는 판단입니다. 주식투자의 근거는 기업의 실적을 기대하는 것입니다. 그런데 채권은 이와 다릅니다. 그 기업이 앞으로 이익을 얼마나 낼 것인지는 중요하지 않습니다. 이자와 원금을 갚을 능력이 되느냐를 따집니다.

물론 회사의 실적과 성장을 기대하는 주식투자와 그 회사의 신용에 따른 채권투자 둘 다 모두 좋습니다. 그런데 채권이 주식보다 상대적으로 더 안전하다고 느낄 수 있습니다. 앞으로의 이익을 전망하기보다는 돈을 갚을 수 있는 능력이 지속될 것이냐, 돈을 갚을 능력이 있느냐를 판단하는 게 훨씬 쉽고 간단하기 때문입니다. 그리고 채권은 이익을 추구하는 기업뿐만 아니라, 이익을 전혀 추구하지 않는 공공적 성격의 기관들도 발행합니다. 국채가 대표적입니다. 또한, 정부가 직간접적으로 원리금 상환을 보장해주는 공사채도 있습니다. 이런 채권은 신용도가 높지요. 안전합니다. 그리고 매우 우량한 기업들이 있습니다. 내가 돈을 빌려준 동안에는 망하지 않을 거라고 확신이 드는 기업들이 발행한 채권도 안전하다고 볼 수 있습니다. 반대로 조금 위험하다는 생각이 들지만, 이자를 많이 주는 채권도 있습니다. 이렇게 보면 채권투자도 주식투자만큼이나 선택지가 다양하다는 것을 알 수 있습니다.

개인투자자가 주식에 투자하는 것은 좋은 선택입니다. 그런데 모든 자산을 주식에만 투자한다면 심각한 결과가 올 수 있습니다. 그 회사의 성장과 이익 전망 등이 틀리면 상당히 많은 자산을 잃을 수 있습니다. 하지만 채권에 투자하면 내 원금은 보장되는 투자를 할 수 있죠.

주식은 10%, 20%, 30% 역동적으로 상승하는데, 채권은 그렇지 않아서 흥미가 생기지 않는다는 투자자도 있습니다. 옳은 이야기입니다. 채권은 안정성이 크기 때문에 상대적으로 기대수익률이 낮습니다.

그런데 주식이 늘 오르는 것은 아닙니다. 등락이 있습니다. 주식투자를 10년 동안 했어도 매년 2~3%밖에 못 버는 시기가 있습니다. 마찬가지로 채권도 3% 정도밖에 못 버는 시기도 있습니다. 하지만 주식은 어떤 시기에 잘못 투자하면 20~30% 마이너스가 나는 게 드물지 않습니다. 반면 채권의 경우에는 만기까지 보유한다면, 대부분의 경우 원금과 이자를 챙길 수 있습니다.

역사적으로 형성돼 있는 기대수익과 위험의 관계를 잘 살펴보아야 합니다. 투자 판단이 잘못될 수 있고, 잘못된 시점에 들어갈 수 있다는 점을 염두에 두어야 합니다. 그런데 잘못된 시점에 들어갔을 때 주식은 엄청난 손실을 볼 수 있는 반면, 채권은 내가 충분한 시간을 갖고 견디기만 한다면, 그리고 원금을 보장해주는 신용도 높은 채권에 투자했다면 원금과 이자를 보장받는 안정성이 있습니다.

따라서 주식과 채권, 성격이 다른 두 투자를 모두 해야 합니다. 특히 지금 채권을 보유하고 있지 않다면 채권투자를 시작할 필요가 있습니다. 채권의 강점을 활용하여 포트폴리오에서 의미 있는 비중을 차지하도록 자산 구조를 설계하는 일이 필요합니다. 특히 나이가 들면 들수록, 자산 규모가 커질수록 채권을 고려하는 것이 꼭 필요합니다. 안정성이 중요해지기 때문입니다.

채권투자 열풍

유례없는 채권투자 열풍이 불고 있습니다. 고금리와 주식시장 침체에 따라 2022년 한 해 동안 개인들의 채권투자 순매수액이 21조 4,000억 원 규모를 기록했습니다.[*] 2022년 여름에 발매된 현대자동차와 기아자동차의 회사채는 각각 200억 원, 250억 원 물량이었는데, 매각 개시 1분 만에 완판되며 화제가 되었습니다.

2022년의 채권투자 열기는 2023년에도 식을 줄 모릅니다. '국고 19-6'이라는 이름의 국채는 2023년 들어 4월 말까지 1조 5,289억 원의 순매수를 기록했습니다. 고객들이 특정 채권의 이름을 직접 언급하며 투자하는 것은 유례가 없던 일이라고 합니다. 2023년 들어 4월까지

---

[*]　금융투자협회, 「2022년 장외채권시장 동향」, 금융투자협회, 2023. 1.

의 채권 순매수액은 12조 9,032억 원에 달합니다.** 채권투자가 대중화되면서 인기 채권은 주요 주식 종목에 견줄 정도로 개인 투자액이 늘고 있습니다. 채권의 인기는 절세 때문이기도 합니다. 채권은 2025년까지 매매차익에는 세금이 붙지 않고 이자소득에만 과세합니다. 그래서 저금리로 발행된 채권은 금융소득종합과세 대상인 자산가에게 절세를 위한 효자 상품이 됩니다. 이렇게 투자시장 변화와 과세 문제로 채권투자는 안전자산 투자처를 찾는 분에게 좋은 대안이 되고 있습니다.

그런데 채권에 대해 알려면 제대로 알아야 합니다. 전문가의 현명한 조언이 필요합니다. 채권에 대해 어렵게 느끼는 분이 뜻밖에 많습니다. 좀 해본 주식은 그래도 어떻게 하는지 알 것 같은데, 도대체 어디서 채권을 사고팔 수 있는지, 어떻게 채권에 투자할지 궁금해하는 분들이 많습니다. 이 책은 이런 고민을 쉽게 풀고자 쓰였습니다.

채권이란 어떤 금융상품인지, 그리고 채권투자 방법은 무엇인지, 어떤 위험이 있는지 등에 대해 다루고 다른 자산에 투자할 때도 유용한 채권에 대한 기본 지식까지 담았습니다. 한마디로 채권에 대해 알아야 할 내용은 빠짐없이 두루두루 다루었습니다.

이제 채권투자에서 새로운 기회를 찾아봅시다. 이 책을 통해 내 돈을 불리고 지키는 채권투자 전략을 수립해보시죠.

** 차창희, 「슈퍼개미 꽂힌 '국고채'⋯ 올 1.5조 순매수 돌풍」, 〈매일경제〉, 2023. 5. 8.

당신의 포트폴리오를
풍요롭게 만들어줄 채권투자

당신이 모르는 사이에 이미 시작된 채권투자

　이 책은 채권투자를 다룹니다. 앞으로 채권의 개념과 운용 원리, 투자 방법론 등을 다루면서 채권투자의 장점을 강조할 것입니다. 그렇다고 해서 채권투자가 안전하고 유리하니, 모든 여윳돈으로 채권을 사라고 이야기하지는 않겠습니다. 채권투자는 독자 여러분의 포트폴리오 중 한 요소로서 더 큰 의미가 있기 때문입니다.

　투자시장에서는 투자 성향, 투자 기간, 투자자의 나이, 투자금의 성격 등에 따라 무수한 포트폴리오 구축이 가능합니다. 이때 채권투자의 비율을 어떻게 조정하느냐에 따라서 투자 성과와 안정성이 달라질 수 있습니다. 채권에 대한 지식은 이 포트폴리오 구축에 결정적 역할을 할 것입니다. 심지어 직접 채권투자를 아예 하지 않더라도 유용한 역할을 할 것입니다.

책을 쓰는 현재 한국 투자계에서 채권 열풍이 불고 있지만, 채권에 대해 생소하게 느끼는 개인투자자가 많습니다. 어떤 분은 "나는 한 번도 채권투자를 해본 적이 없으며, 주변에서도 채권투자를 하는 사람을 한 명도 본 적이 없는데, 금융투자에서 채권을 중요하게 다루는 이유를 모르겠다"라고 말합니다. 이 말은 절반의 진실입니다. 채권이 주로 기관투자자에 의해 간접투자의 방식으로 투자되기 때문에 겉으로 드러나지 않을 뿐입니다. 즉, 내가 직접 채권을 사지 않더라도 간접적으로 채권에 투자하고 있는 셈입니다.

예를 하나 들어보겠습니다. 2023년 4월 말 기준 국민연금은 전체 기금의 40.6%를 채권에 투자하고 있습니다. 국내 채권 33.1%, 해외 채권 7.3%입니다. 국민연금을 넣고 있는 사람은 모두 간접적인 형태의 채권투자자인 셈이죠. 그 밖에 펀드나 신탁, ETF, 퇴직연금 등의 투자상품이 채권을 기반으로 하거나, 채권이 혼합된 형태가 많습니다. 이런 투자상품을 선택할 때도 채권 지식이 매우 중요합니다. 물론 스스로 포트폴리오를 구축하기 위한 개인의 채권 직접투자 비중도 늘고 있지요.

포트폴리오의 중요한 축, 채권

투자 포트폴리오 전략 중 가장 널리 알려진 것이 '60 대 40 전략'입니다. 간단히 말해 주식 60%, 채권 40% 비율로 투자하라는 겁니다. 주식의 불안정성과 위험을 채권의 안정성이 흡수하여 조화를 이루는 포트폴리오 구성입니다. 워런 버핏의 스승인 벤저민 그레이엄이 1949년 《현명한 투자자》라는 책에서 주장했습니다. 벌써 74년이나 된 고전적인 전략입니다. 그런데 아직도 그 유용성이 퇴색하지 않았습니다. 물론 스태그플레이션 가능성이 커지면서 이런 포트폴리오가 장기적으로 낮은 수익률을 가져올 수 있다는 지적이 있긴 합니다. 2022년에는 주가지수가 하락하고 이와 동반해 금리 하락과 채권가격 하락이 나타나는 상황에서 위험을 노출하기도 했습니다.

그러나 같은 기간 채권 포트폴리오로 수익을 낸 사례가 많습니다. 미국 젠슨핸더슨투자의 '밸런스펀드'는 금리 인상과 경기 침체 우려가 나오며 주식과 채권 시장 모두가 부진했던 2022년 상황에서 주식 비중을 낮추고 채권 비중을 높이는 전략을 선택했습니다. 주식 비중은 기존 64%에서 55%로 낮추고 채권 비중을 높여 44%를 유지했습니다. 밸런스펀드의 2022년 수익률은 S&P500 지수보다 4%p가량 높았습니다. 전체 실적과 비교할 때 선방했다고 평가할 수 있습니다. 이 포트폴리오가 단기적으로 수익률을 포기해야 하지만, 장기적으로는 변동성을 줄여줘 더 이득이라는 게 젠스핸더슨투자의 설명입니다. 주식과 채권을 적절히 조합한 포트폴리오는 투자자들에게 좀 더 낮은 변동성 속에서 안정적 수익을 안겨줄 수 있습니다. 특히 금융시장 변동성이 클 때는 채권 비율을 높이는 전략이 대부분 기간에 효과적이었습니다.

독자 여러분께서 이 책을 읽고 채권에 대해 이해하게 된다면, 개인 투자 포트폴리오를 풍성하게 만드는 데 큰 도움을 얻을 것입니다. 자신의 개인적 투자 환경과 시장 상황을 고려하여 채권의 비율을 적절히 조정한다면 수익성과 안정성의 절묘한 조합을 만들어낼 수 있습니다.

채권만의 특징을 100% 활용한 투자

채권의 강점

투자자산으로서의 채권은 장단점을 갖습니다. 장점을 먼저 알아볼까요? 세 가지로 압축할 수 있습니다. 첫째, 원금 상환 보장, 둘째, 안정성, 셋째, 정기적인 수입입니다.

첫째, 채권은 원금 상환이 법으로 보장되어 있습니다. 뒤에서 자세히 살펴보겠습니다만, 채권은 차용증서를 유가증권으로 만든 것이라고 이해하면 됩니다. 언제 돈을 갚을지 법률적 계약을 하고 이것을 준수합니다. 은행에 정기예금을 맡기는 것과 비슷하지요. 물론 채무자인 채권 발행자 상황이 나빠져 돈을 갚지 못하는 상황도 고려해야 합니다. 채권 발행자의 옥석을 가릴 때 신용등급을 고려하면 됩니다. 이 역시 뒤에서 상세히 설명드리겠습니다.

둘째, 안정성이 뛰어납니다. 테마주로 불리는 주식이나 암호화폐 같은 것을 보면 하루에도 엄청난 수준의 가격 등락이 일어납니다. 이른바 우량주도 경제 환경이나 기업 자체 상황에 따라 극단적인 가격 변동을 보입니다. 그런데 채권은 가격 변동폭이 좁고 안정적입니다. 물론 금리와 인플레이션 등의 요인에 의해 조금은 변동이 일어나기도 합니다. 하지만 대부분의 기간에는 변화의 폭이 작고 만기까지 보유하면 그러한 변화는 큰 의미가 없게 됩니다. 그리고 채권은 극단적인 상황에서도 주식보다 덜 위험합니다. 기업이 파산했을 때, 채권을 가진 사람은 채권자로서 주식을 가진 회사 주인보다 잔여 재산 분배에서 우선권을 갖기 때문입니다. 회사 주인인 주주가 돈을 빌린 것이기 때문에 주주가 돈을 가져가기 전에 먼저 갚아야 한다는 이야기입니다. 당연히 원금을 돌려받을 가능성이 더 높습니다.

원금 상환 보장과 안정성이라는 강점으로 인해 채권은 주식과 같은 변동성이 높은 자산으로 구성된 포트폴리오 속에서 안정성을 높이는 방향으로 분산 효과를 제공하는 역할을 합니다.

셋째, 채권은 정기적인 수입이 보장되어 제공됩니다. 채권을 영어로 'fixed income'이라 부릅니다. '고정 수입'이라는 뜻이지요. 채권은 이자와 지급 시기를 정해서 발행됩니다. 정기적인 이자 지급이 법률적 계약으로 뒷받침됩니다. 우리나라의 회사채는 주로 3개월에 한 번 이자를 지급합니다. 물론 주식도 배당이라는 '수입'이 있습니다. 그런데 주식의 배당은 법률적 의무가 아닙니다. 회사는 이익이 났을 때, 기업의 판단에 따라 배당을 줄 수도, 주지 않을 수도 있습니다. 하지만 채권의 이자 지급은 처음에 한 번 정해지면 법률적 강제 사항입니다.

채권의 특징을 고려한 투자

채권의 강점과 약점은 동전의 양면과 같습니다. 같이 붙어 있으면서 강점이 곧 약점이 됩니다. 원금 상환이 보장된 대신 가격이 엄청나게 높아질 가능성은 거의 없습니다. 안정성은 바꾸어 말하면 역동성이 약하다는 뜻이 됩니다. 정해진 이자가 지급되지만, 기업 이익이 크게 늘어도 시세차익이나 고액 배당을 기대할 수 없습니다. 한마디로 단기간에 큰 수익률을 올리는 데는 한계가 있습니다.

기본적으로 채권은 적절한 때 사서 만기까지 보유하면서 그 기간에 이자를 받으며 그 이자로 재투자하거나 생활비로 사용하다가 만기에 원금을 돌려받는 방식의 긴 투자 호흡을 가져가는 것이라 보시면 됩니다. 주식을 거래하듯 가격 변동을 민감하게 살피고 사고팔고를 반복하는 방식의 투자를 하는 것은 특별한 경우가 아니라면 지혜롭지 않습니다. 채권 매수나 매도가 신속하게 이루어지지 않는 환경은 이러한 채권투자의 특징과 관련이 있다고 보입니다.

그렇다고 채권투자에서 시세차익이 존재하지 않는 것은 아닙니다. 앞으로 끝도 없이 나올 원리가 있습니다. 채권가격은 금리와 반비례합니다. 금리가 올라가면 채권가격이 떨어지고, 금리가 내려가면 채권가격이 오릅니다. 그 원리는 뒤에 여러 차례 설명할 것이니 여기서는 생략하겠습니다. 현재 금리가 높은데 앞으로 금리가 내릴 가능성이 크다고 전망할 때 채권을 샀다가 실제로 금리가 충분히 내려가면 파는 투자 전략을 사용할 수 있습니다.

금리가 높을 때(채권가격이 낮을 때) 사두었다가 때를 기다리면서 금리가 낮을 때(채권가격이 높을 때) 파는 채권 시세차익 추구는 의미 있는 채권투자 방법입니다. 그러려면 경제 원리와 금리에 대한 공부가 필수적이겠지요. 하지만 이때도 만기까지 갈 수 있다는 것이 기본 전제가 되어야 합니다.

말하자면 긴 호흡이 필요합니다. 정기적인 이자를 받는 데 초점을 맞추어야 합니다. 금리가 떨어지면 이익을 보고 팔 수도 있지만, 만기까지 가면서 그 금리를 내가 향유하겠다는 마음가짐이 기본입니다.

미국 연준이 양적 완화를 멈추고 금리를 인상하면서 세계 경제 판도가 달라지고 있습니다. 앞으로 물가는 예전보다 좀 높을 것으로 보입니다. 금리도 과거의 초저금리로 돌아가기는 어렵지 않을까 생각합니다. 이전보다는 더 높은 수준을 유지하리라 봅니다. 경제 여건과 시스템이 과거와는 다르겠지요.

이런 상황에서 과거에 형성됐던 자산가격들을 면밀하게 바라볼 필요가 있습니다. 상당 기간 주식과 부동산 가격 상승을 과거와 같이 기대하기 어려울 겁니다. 투자자산으로서의 매력이 줄어들 것이라 봅니다. 반면 채권은 그 매력이 더 커지리라 봅니다. 물론 모든 투자를 채권 중심으로 하라는 이야기는 아닙니다. 하지만 채권에 대해 관심을 가지고 채권의 비중을 더 의미 있게 가져가는 전략은 여러분의 투자를 더 탄탄하게 만들어줄 것입니다.

안정적으로 정기적
고정 수입을 얻고자 할 때

개인별, 시기별 투자 전략 세우기

앞에서 채권의 세 가지 장점인 원금 상환 보장, 안정성, 정기적인 수입에 대해 말씀드리고 이 속성을 잘 활용한 투자와 포트폴리오 구성을 하시라고 조언했습니다. 전체 포트폴리오에서 채권의 비중이 어느 정도 되는 게 좋을지에 대해서는 "이것이 정답"이라고 이야기하기 어렵습니다. 투자자의 위험 감수 정도, 성향, 투자 기간, 자금의 성격 등 개인적 상황에 따라 다르며, 또 시기별로도 달라집니다.

다만, 채권이 더 유리한 시기가 있습니다. 예를 들어 2023년 연말은 경기 둔화 우려로 금리가 내려 채권을 늘려가기에 적합지 않을 것이라는 예측이 있습니다. 그리고 2023년 중반기나 2024년 상반기에는 채권의 비중을 늘려가기가 유리하다는 전망입니다. 적절한 시점을 선택한다면 이후 금리가 어느 정도 내리면서 채권가격이 오르고 시세차익을 볼 가능성이 크기 때문입니다. 그리고 이 기간에는 주식이나 부동산 투자의 기대수익률이 높지 않을 것으로 보여, 상대적으로 채권이 유리해 보입니다. 금리가 오를 만큼 올랐다고 판단되는 시점이 채권을 사기에 최적 시기가 될 것입니다. 이에 대해서는 뒤에 더 자세히 말씀 드리겠습니다.

개인 성향으로 볼 때는 안정 추구형의 투자자는 채권 비중을 늘리는 게 좋습니다. 물론 채권 중에도 위험성이 큰 종목이 있습니다만, 국채를 비롯하여 공사채, 신용등급이 높은 회사채나 금융채 등은 안정성이 매우 높습니다. 매우 특수한 상황이 벌어지지 않는다면 원금 손실이 일어나거나 이자를 못 받는 일은 거의 일어나지 않습니다.

안정 추구형 투자자, 정기예금보다 채권이 유리

그런데 안정 추구형의 투자자들은 주식과 같은 변동성이 큰 투자를 선호하지 않는 게 일반적입니다. 이런 분들은 은행의 정기예금을 가장 선호합니다. 비록 적긴 하지만, 이자가 붙고 원금을 잃을 가능성이 작기 때문입니다. 그렇지만 저는 안정형 투자자가 정기예금보다는 채권에 투자하는 게 더 적절하다고 생각하며, 채권투자를 자주 권유합니다.

상식적인 관점에서 볼 때 국채금리는 은행 예금금리보다 낮은 게 합리적입니다. 정부가 은행보다 신용이 더 높으니까요. 그런데 실제는 그렇지 않은 경우가 많습니다. 은행은 예금금리는 최대한 낮게, 대출금리는 최대한 높게 함으로써 이윤을 추구하는 경향이 있으니까요. 그래서 은행 고객에게 이자 외에 다른 편익을 제공하여 붙잡아두려 합니다. 만약 내가 가입한 정기예금금리가 국채금리보다 낮다면 투자 전략을 신중히 고려하는 게 좋습니다.

또한, 저는 개인투자자에게 채권투자를 권할 때 추천하지는 않는 편입니다. 이자가 작기 때문입니다. 그런 관점에서 보면 국채 이자보다 낮은 금리의 정기예금을 유지하는 건 더더욱 합리적이지 않습니다. 사실 국채투자는 이자수익보다는 자본수익을 고려하는 게 일반적입니다. 물론 채권가격은 어떤 순간 일시적으로 상승하는 때가 있습니다. 그리고 국채는 상대적으로 표준화가 잘 되어 있고 발행량도 많으며 거래도 활발합니다. 팔고 싶을 때 팔 수 있는 환금성이 더 뛰어납니다. 그래서 기관투자자들은 이자수익보다 자본수익을 보고 국채를 매수하는 경향이 있습니다. 그런데 개인투자자가 이런 식으로 채권 시세차익만을 추구하는 건 바람직하지 않습니다. 그보다는 신용등급을 고려해 최소한의 위험을 감수하면서 국채보다는 조금 더 금리를 많이 주는 회사채 등에 투자하는 게 낫다고 봅니다.

채권투자 기대수익률

채권투자수익률은 그때그때 금리 수준에 따라 다릅니다. 일반적으로 그 당시 금리 수준보다 약간 높은 정도, 말하자면 장기금리를 기대수익률로 가정하면 됩니다. 현재 국채 3년물짜리 정도가 3%대 중반 정도 됩니다. 그런데 회사채나 금융채는 보통 4%가 넘으며 4.5% 이상 되는 것들이 여전히 있습니다. 위험을 더 감수하겠는 마음가짐이면 5% 넘는 채권들도 드물지 않습니다. 평균적으로는 3~4.5% 정도의 수익률은 기대할 수 있습니다.

그런데 장기적으로는 금리 인하에 따라 채권투자수익률이 더 낮아질 수도 있습니다. 국내 경제 상황에 따라 그 가능성을 무시할 수는 없습니다. 이럴 때 투자자는 크게 보아야 합니다. 잠재 성장률이 높은 해외 채권에 대한 투자도 고려해볼 수 있습니다.

주식시장과 비교해봅시다. 개별 종목은 특수한 경우가 많으니 지수로 봅시다. 우리나라는 2011년부터 15년 넘게 거의 1,800에서 2,200

정도 사이의 박스권 흐름을 보였습니다. 그러다가 몇 년 반짝 올랐다가 또 몇 년 우수수 떨어지는 모습을 보였습니다. 장기간을 펼쳐놓고 보면 적절하게 타이밍을 잘 조절해서 낮은 데 들어가서 높게 판 드문 경우 외에는 평균적으로 봤을 때 위험에 대비해서는 정말 낮은 수익률을 기록할 수밖에 없었죠.

그런데 채권은 그 기간에도 안정적으로 수익을 기록했습니다. 저금리 상황이라 수익률이 낮았던 건 사실입니다. 하지만 1%대 금리, 1% 수익률을 기록했던 시간은 전체로 보면 아주 짧은 시간에 불과합니다. 그리고 앞으로 그렇게까지 내려갈 가능성은 별로 없다고 봅니다. 예전과는 물가의 수준이 달라졌습니다.

앞으로도 채권에서 3~4% 정도의 수익은 기대할 수 있습니다. 그리고 내가 어떤 기업에 적절하게 잘 투자하느냐에 따라서 그것보다 1%p 정도 더 높은 수익률을 올릴 수도 있습니다. 이런 채권을 국내에서 발견할 수도 있지만 때로는 해외에서 찾을 수도 있습니다. 채권에 대한 공부는 채권투자의 지평을 해외로 넓히는 데도 도움을 줄 수 있습니다.

자산이 많을수록,
연령이 높을수록!

안정적인 자산 증식

저는 직업 특성상 많은 투자자를 만납니다. 주로 제가 그분들을 상담하며 조언하는 위치이지만, 그분들로부터 얻는 통찰도 적지 않습니다. 특히 자산을 많이 가진 분들의 판단과 움직임을 통해 투자의 원칙이나 철학 같은 것을 발견할 수 있습니다.

투자수익률이 높은 것을 마다할 사람은 없습니다. 그런데 그만큼 위험을 감수해야 하죠. 자산을 많이 가진 분들일수록 수익률에 크게 연연하지 않는 모습을 보입니다. 그래서 요즘은 자산이 많을수록 채권에 대한 관심이 커지는 분위기입니다. 고액 자산가들은 증식에 대한 욕구보다는 지키겠다는 욕구가 더 커 보입니다. 속도가 좀 느리더라도 자기 자산을 안정적으로 증식하려고 합니다. 이럴 때 채권이 적합니다.

그리고 나이가 많을수록 채권을 선호하는 비중이 커집니다. 투자자산 고유의 특징으로 볼 때 고령자에게 채권이 더 적합한 것도 사실입니다. 젊은이들은 지금 자기 자산을 상당 부분 잃는다고 해도 다시 시작해서 더 벌어들일 기회가 상대적으로 더 많습니다. 노동을 통한 소득 창출이 장기간 이어질 수 있으니까요. 그리고 아무래도 젊은이들의 자산이 고령자들보다는 더 적습니다. 자산이 크지 않으니 좀 위험하더라도 큰 수익이 기대되는 쪽으로 쏠리곤 합니다.

하지만 고령자들은 상황이 다릅니다. 투자에서 실패하고 원금에 손실이 생기면 복구할 시간과 기회가 많지 않습니다. 노동 등으로 새로운 소득을 만들 여력도 적습니다. 그래서 지키는 쪽에 초점을 맞추고 비록 작고 느리더라도, 그 안에서 수익률을 높이는 방법을 찾으려 합니다. 이런 분에게 최적의 대안이 채권입니다.

고정적이고 정기적인 이자 수입 관리하기

제 지인 중에 '부동산 불패'가 신념인 사람이 있습니다. 여러분 주위에도 그런 분이 적지 않을 겁니다. 그는 자산 대부분을 부동산으로 보유하고 있습니다. 목돈이 생기면 부동산을 삽니다. 노후 수입도 부동산에서 나오는 월세를 중심으로 마련합니다. 그는 3억 원이 조금 넘는 오피스텔을 3채 가지고 각각 월 임대료를 100만 원씩 받습니다. 10억 원을 투자해서 월 300만 원, 연간 3,600만 원의 임대료 수익을 얻는 것이지요. 이때 수익률은 3.6%입니다.

그런데 오피스텔 임대는 번거롭고 신경 쓸 일이 많습니다. 고치고 손보아야 할 것도 자주 생기고, 때로는 임차인을 구하지 못해 비워두게 되는 경우도 있습니다. 월세를 제날짜에 내지 않는 임차인도 생각보다 많습니다. 3.6%의 수익률을 위해 이렇게 골치 아프게 수고하는 것은 그리 합리적으로 보이지 않습니다. 물론 부동산가격이 오르면 수익률이 커질 수 있습니다. 하지만 앞으로 부동산가격이 상승하리라고 장담할 수 없습니다. 여기에 임대료 수입에 대한 소득세와 부동산 보유에 따른 보유세도 내야 합니다.

다른 지인은 채권을 샀습니다. 이 사람의 투자금액도 10억 원입니다. 3개월에 한 번씩 이자를 지급하는 채권이 많습니다. 그는 월별로 채권 이자가 들어오도록 맞추어놓았습니다. 1월·4월·7월·10월에 이자를 지급하는 채권, 2월·5월·8월·11월에 이자를 지급하는 채권, 3월·6월·9월·12월에 이자를 지급하는 채권을 각각 산 것입니다.

평균 수익률은 4.2% 정도입니다. 매월 똑같지는 않지만, 세전 350만 원의 이자가 들어옵니다. 10억 원으로 부동산 임대를 하는 사람보다 수입이 더 큽니다. 무엇보다 시간과 에너지를 빼앗기지 않습니다. 고장 난 곳을 고쳐달라는 임차인도 없습니다. 주식투자자처럼 매일 시세판을 보며 골머리를 앓지 않아도 됩니다. 세금 역시 이자소득에 대해서만 내면 됩니다. 채권을 보유했다고 보유세를 내지는 않습니다.

이처럼 이자 지급 시기별로 채권을 나누어 사서 그것을 월급이나 연금처럼 받아서 사용하는 고령 투자자가 많이 늘고 있습니다. 이것은 채권투자의 특징에 잘 맞는 형태라 할 수 있습니다.

그런데 직장생활을 하는 등 고정적인 수입이 있는 사람이 채권 이자를 받으면 어떻게 하는 게 좋을까요? 저는 이 이자를 용돈으로 쓰지 말고 재투자할 것을 권합니다. 그러면 복리 효과를 누릴 수 있습니다. 이자를 받아서 위험성은 조금 더 크지만 수익이 기대되는 성장주 같은 데 투자할 수도 있고, 안정성을 기대한다면 다른 채권을 사도 됩니다. 이렇게 이자를 재투자하는 방식은 젊은 층에 특히 유리합니다. 투자하는 기간이 늘어날수록 복리 효과가 엄청나게 커지기 때문입니다.

채권의 고정적이며 정기적인 이자를 잘 활용하는 것은 채권투자자가 누리는 큰 혜택이라 할 수 있습니다.

채권투자
어렵지 않다

채권투자가 어렵게 느껴지는 이유

주변에서 채권투자가 괜찮다는 이야기를 들었는데, 채권투자가 무엇인지, 어떻게 해야 하는지 등에 대해 막막하게 느끼는 분이 많습니다. 아직도 채권투자를 하려면 어려운 경제이론을 공부하고 복잡한 경제수학을 동원해야 한다고 생각하는 분도 있습니다. 실제로는 전혀 그렇지 않은데 말이죠.

물론 채권투자가 어렵게 느껴지는 현실적 이유가 많이 있습니다. 채권은 종류가 정말 많습니다. 한 회사의 주식은 한두 종목입니다. 그런데 이와 달리 한 회사가 발행한 채권은 발행 시기와 방식에 따라 각각 다른 종목으로 취급합니다. 코스피에 상장된 종목이 1,000개 내외, 코스닥에 상장된 종목이 1,500개 내외입니다. 합쳐도 2,500종목 정도입니다. 종목이 한정되어 있고 표준화되어 있습니다.

채권은 이와 다릅니다. A회사가 1월에 발행한 채권과 2월에 발행한 채권은 엄연히 다른 채권입니다. 같은 날 발행한 채권이라도 금리 조건이나 만기가 다르면 다른 종목으로 봅니다. 그래서 우리나라에만 채권이 8만 종목 정도 됩니다. 상황이 이러니 채권투자자들은 뭘 사야 할지 막막해집니다. 그리고 채권을 어디서 어떻게 사야 하는지도 잘 모르고 있습니다.

하지만 채권의 메커니즘을 이해한다면, 채권 종목이 많은 것은 크게 문제가 되지 않습니다. 오히려 주식투자보다 선택지가 더 넓다고 느껴질 수도 있습니다. 그리고 이 책에 채권가격이 오르고 내리는 원리, 이자 지급 등에 대해 자세히 설명했으니 이것만 이해한다면 어려움 없이 채권투자를 할 수 있습니다. 채권투자가 어렵다는 편견만 버린다면 쉽고 효과적으로 채권에 접근할 수 있지요.

금융기관을 통한 채권투자

증권회사의 시스템에서 일부 채권을 거래할 수 있습니다. 하지만 오래 주식투자를 해온 사람도 HTS나 MTS 등에 채권 거래 기능이 있다는 사실을 모르기도 합니다. 비교적 최근까지 채권은 장외에서 거래가 많이 되었고 기관투자자의 시장으로 분류된 것이 현실입니다. 기관투자자들이 채권을 다량 매입하여 만기까지 보유하는 방식이 일반적이었습니다. 하지만 이것이 달라지는 분위기입니다.

그런데 이제 개인투자자가 채권에 투자하기 쉬워지고 있습니다. 개인이 금융기관을 통해 채권에 투자하는 방법에 대해 간략히 살펴보겠습니다. 투자자가 채권에 투자하는 방법은 크게 두 가지로 나누어볼 수 있습니다. 하나는 은행을 이용하는 것이고, 다른 하나는 증권회사를 이용하는 것입니다.

은행에서 채권을 살 때는 '특정금전신탁'이라는 금융상품을 이용합니다. 특정금전신탁은 고객이 신탁업 인가를 받은 금융기관에 돈을 맡기고, 금융기관은 고객이 지정한 대상에 이 돈을 투자하고 운용한 후에 원금과 수익을 고객에게 돌려주는 방식입니다. 간단하게 말하면 고객이 미리 은행에 돈을 맡겨두고, 이 돈으로 어떤 채권을 사달라고 요청하는 방식입니다.

특정금전신탁을 이용해 채권투자를 하려면 은행 지점을 찾아서 "특

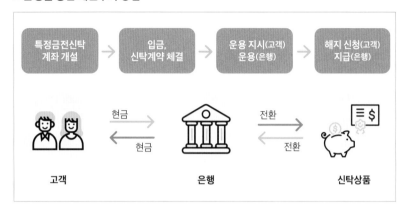

정금전신탁 계좌를 만들고 싶다"고 말하면 지점 담당자를 통해 절차를 진행할 수 있습니다.

그런데 특정금전신탁을 이용하려면 은행에 별도의 계좌를 만들어야 하는 등 절차가 다소 복잡하며, 수수료도 적지 않습니다.

그래서 소액으로 채권투자를 시작하려는 사람들은 일반적으로 증권회사를 이용합니다. 증권회사를 통해 채권에 투자하는 방법은 크게 보아 두 가지입니다. 증권회사의 HTS나 MTS를 통해 장내시장에 등록된 채권을 주식을 사고팔 듯 매매하는 겁니다. 주식과 달리 거래량이 많지 않아 원하는 대로 거래될 때도 있고 안 될 때도 있지만, HTS나 MTS를 들여다보면서 마음에 드는 채권을 매수할 수도 있고 팔 수도 있습니다. 물론 이렇게 증권회사 거래 시스템이 다루는 장내채권은 한

정적입니다.

이 밖에 증권회사를 통해 채권을 거래하는 방법이 하나 더 있습니다. 대부분의 증권사는 자신들이 미리 채권을 사두고 그것을 개인에게 판매합니다. 투자자는 HTS나 MTS에 접속하거나 전화, 방문 등을 통해 증권회사가 제공하는 이러한 채권 리스트를 보고 고르면 됩니다. 금리, 신용도 등을 고려하여 원하는 것을 계획한 금액만큼 사면 됩니다.

물론 지금은 주식을 사고팔 듯 민감하게 가격을 반영하여 원하는 때에 채권을 거래하기가 쉽지는 않습니다. 하지만 채권 거래 시스템이 갈수록 발전하고 있으니, 거래가 훨씬 쉬워지는 경향은 분명히 생길 겁니다. 그리고 채권 거래 플랫폼을 만들려는 노력도 많이 보입니다. 증권회사 HTS나 MTS를 이용한 채권투자 방법은 이어서 더 자세히 설명하겠습니다.

HTS와 MTS로
채권투자 시작하기

증권 계좌 개설과 HTS, MTS 설치

앞에서 이야기한 증권회사를 이용하여 채권을 사고파는 방법에 대해 더 자세히 알아보겠습니다. 이것은 증권회사에서 주식을 거래하는 것과 비슷합니다. 기존 증권 계좌가 있고, HTS와 MTS가 설치되어 있다면 별도의 증권 계좌 개설이나 프로그램 설치 없이 바로 채권투자를 시작할 수 있습니다. 계좌가 없는 분들을 위해 간략한 설명을 하겠습니다.

요즘은 증권회사를 직접 방문하여 계좌를 개설하고, 지점에 설치된

스크린을 보면서 주문을 내거나, 전화로 매수나 매도 주문을 내는 형태가 거의 없어졌습니다. 대부분은 증권회사 지점 방문 없이 증권 계좌를 개설하고 컴퓨터의 HTS(Home Trading System)를 이용하거나 스마트폰의 MTS(Mobile Trading System)를 이용하여 주식이나 채권을 사고파는 방식을 많이 이용합니다.

제가 근무하는 SK증권의 경우, 스마트폰에서 플레이스토어(안드로이드)나 앱스토어(애플) 등을 이용하여 'SK증권 비대면 계좌 개설'을 검색하면 〈SK증권 주파수3〉 앱을 다운로드하여 설치할 수 있습니다. 증권

■ **SK증권 계좌 개설을 위한 앱 검색(좌)과 MTS 설치 후 시작 화면(우)**

사마다 조금씩 다른데, SK증권처럼 비대면 계좌 개설과 MTS 앱을 한꺼번에 설치하는 경우도 있고, 계좌 개설 앱과 MTS를 각각 설치하는 경우도 있습니다. 계좌 개설을 할 때는 반드시 본인의 스마트폰을 활용해야 하며, 신분증을 촬영하여 제출하는 절차가 있으므로 신분증을 준비해야 합니다. 그 밖에 거래할 은행 계좌와 인증서를 미리 챙겨두면 편리합니다.

물론 증권사 지점이나 제휴 은행에서도 계좌를 개설할 수 있습니다.

■ **SK증권 홈페이지의 HTS 설치 화면**

다소 번거롭긴 하지만, 비대면 계좌 개설보다 더 다양한 서비스를 이용할 수 있습니다. 이때는 계좌를 개설한 후 별도로 MTS와 HTS를 설치하셔야 합니다.

컴퓨터를 이용해 투자하는 것이 편한 분들은 HTS를 설치해서 사용하시면 됩니다. SK증권의 경우 SK증권 홈페이지에서 오른쪽 맨 위의 '다운로드' 메뉴를 선택하면 각자 컴퓨터에 맞는 HTS 시스템을 다운로드하여 설치할 수 있습니다.

계좌 개설과 HTS, MTS 설치가 끝나면 컴퓨터와 스마트폰을 이용한 채권 거래를 하실 수 있습니다.

장내채권과 장외채권

증권회사를 이용해 거래할 수 있는 채권은 크게 두 가지입니다. 하나는 장내채권이며 또 하나는 장외채권입니다.

장내채권은 장내시장에서 거래됩니다. 장내시장은 한국거래소에서 집단경쟁매매를 통해 이루어지는 채권매매시장입니다. 거래의 대상이 되는 채권은 거래소에 상장된 종목이며 거래 조건과 시간이 정해져 있습니다.

장내시장은 ① 국채전문유통시장, ② 환매조건부채권매매(Repo)시

■ 장내채권시장

구분(매매수량 단위)	목적	대상 채권	시장참가자
국채전문유통시장 (10억)	- 국채의 발행 및 유통 활성화 - 지표금리 형성	- 국고채 - 통안채 - 예금보험공사채	국고채 딜러 (증권사, 은행)
환매조건부채권 매매(Repo)시장(1억)	- 보유 채권 담보부 자금 조달 - 일시 과부족 채권의 담보 거래 촉진	- 국고채 - 통안채 - 예금보험공사채 등 특수채 - 회사채(AA 이상)	국고채 딜러 한은, 중금
일반채권시장 (1,000원)	- 일반투자자의 채권 거래 활성화	- 상장채권 전 종목	증권사 일반투자자
소액채권시장 (1,000원)	- 소액채권의 환금성 제고 및 공정가격 형성	- 국민주택채권	증권사 일반투자자

장과 ③ 일반채권시장, ④ 소액채권시장의 네 가지로 구분됩니다. 그런데 국채전문유통시장과 환매조건부채권매매시장은 국채 딜러 중 기관투자자만 참여할 수 있습니다. 나머지 일반채권시장과 소액채권시장에는 누구나 매매에 참여할 수 있습니다. 따라서 일반투자자는 HTS나 MTS, 전화 주문 등을 통해 '일반채권시장'과 '소액채권시장'의 채권을 대상으로 주식투자하듯 채권을 거래할 수 있습니다.

장외시장은 금융투자회사 창구를 통해 협의 매매 방식으로 거래가 이루어지는 채권매매시장입니다. 한국거래소 시장 이외의 모든 시장을 의미합니다. 장외시장에서 거래되는 채권이 장외채권이며, 한국거래소를 거치지 않고 증권사와 고객 간 직접 매매됩니다.

■ HTS를 이용한 장내채권 거래

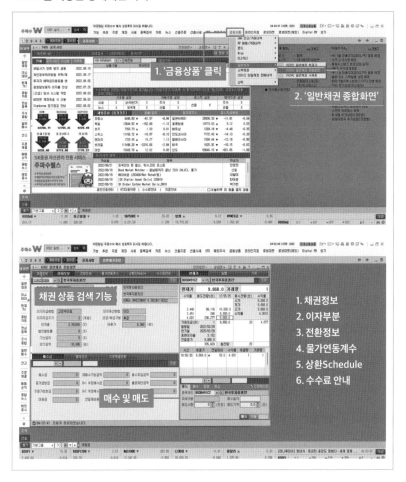

장외시장에서는 상장채권뿐 아니라 비상장채권까지 거래가 이루어 지고 있습니다. 장외채권은 금융투자회사의 HTS나 MTS, 전화 등을 통해 주문을 제출함으로써 매매할 수 있습니다. 그런데 주문 방식이나 거래 가능 종목은 금융투자회사마다 다르기 때문에 계좌를 개설한 증권회사의 안내를 따르면 됩니다. 그리고 이러한 채권 리스트는 매일매일 바뀝니다.

장내시장과 장외시장에서 거래되는 채권에 대해 알아보았는데 이를 표로 비교하면 다음과 같습니다.

■ **장내채권과 장외채권 비교**

구분(매매수량 단위)	장내채권시장	장외채권시장
거래 시간	09:00~15:30 (토요일, 일요일, 공휴일 제외)	금융투자회사 개별 영업시간
대상 채권	상장채권	상장 및 비상장 채권 중 회사가 제시하는 개별 종목
거래 금리	시장참여자 제시 금리	금융투자회사가 제시하는 개별 금리
거래 장소	증권거래소, 온라인	금융투자회사의 영업점, 온라인
결제	10분 단위 결제	체결 즉시 결제
매매수량 단위	액면 1,000원 기준, 정배수	액면 1,000원 단위
수수료	있음 (0.1~0.3%)	없음 (통상 매도자에게 암묵적 수수료 부과, 중개회사가 해당 수수료 수취)

채권선물

선물(futures contract, futures)은 대상 자산에 대해 지금 정한 가격으로 미래의 특정 시점에 거래할 것을 약속하는 거래입니다. 농산물이나 원자재 등 수요와 공급의 불안정성이 있는 물품이나 주식 등 금융상품에 선물 거래가 있습니다. 채권에도 선물 거래가 있습니다. 거래 대상 채권의 일정 수량을 매매 계약 시 정한 가격으로 인수도할 것을 약속하는 것입니다. 채권투자의 하나로서 파생상품 거래인 채권선물을 선택할 수 있습니다.

■ **한국거래소 국채선물 개요**

구분	3년 국채선물	5년 국채선물	10년 국채선물
상품 명칭	KTB3	KTB5	KTB10
기초자산(표준율)	3년 만기, 표면금리 5%	5년 만기, 표면금리 5%	10년 만기, 표면금리 5%
거래 단위	액면 1억 원		
상장 결제월	분기월 2개(최장 6개월)		
호가 가격 단위	0.01p		
최종 거래일	결제월의 세 번째 화요일(공휴일의 경우 순차적으로 앞당김)		
최종 결제일	최종 거래일의 다음 거래일		
가격 제한 비율	±1.5%	±1.8%	±2.7%
미결제 약정 수량 제한	없음		
최종 결제 방법	현금 결제		
최종 결제 가격	최종 거래일의 현물가격		
스프레드 종목	1종목(최근 월 종목 + 원 월 종목)		
최종 결제 금액	(최종 결제 가격 - 정산 가격) × 100만 × 계약 수		

현재 한국거래소에는 3년, 5년, 10년 국채선물과 이들을 바탕으로 한 3년 국채선물·10년 국채선물 상품 간 스프레드가 거래되고 있습니다. 선물은 고위험 거래로 분류되기에 일반투자자는 이를 위해 별도의 교육을 거쳐서 자격 요건을 취득해야 하며, 금융투자회사에 파생상품 거래를 위한 계좌를 개설한 후 HTS나 MTS를 통해 거래할 수 있습니다. 이에 대해서는 뒤에 한 번 더 다루겠습니다.

채권에
간접투자하는 법

직접 채권을 사고팔지 않아도 채권에 투자하는 방법이 있습니다. 금융투자회사의 채권 관련 상품을 거래하는 것입니다. 채권형 펀드와 채권 ETF가 채권에 투자하는 간접적인 금융상품입니다.

채권형 펀드

펀드는 공모펀드와 사모펀드가 있습니다. 사모펀드는 참여가 제한되어 있으며, 공모펀드는 누구나 쉽게 참여할 수 있도록 정보가 공개

되어 있습니다. 따라서 지금 다루는 채권형 펀드는 공모펀드를 말합니다.

채권형 펀드는 주식에는 전혀 투자하지 않으면서 60% 이상을 채권에 투자하는 펀드를 말합니다. 투자 대상 채권의 종류에 따라 국공채형, 회사채형으로 구분하기도 합니다. 자산 운용 전문가의 역량을 이용해 더 전문성 높은 투자를 하고 싶을 때 이용합니다.

그런데 채권형 펀드는 어디까지나 '채권'이 아닌 '펀드'입니다. 이것은 중요한 차이입니다. 채권은 '만기'와 '금리'가 정해진 상품이지만, 펀드는 대부분 '만기'가 없습니다. 만기가 정해진 채권에 투자할 뿐이며, 만기가 된 채권은 펀드에서 빼내고 새로운 채권을 펀드에 넣는 방식으로

■ FOSS 시스템을 통한 채권형 펀드 검색

자료: 펀드슈퍼마켓, www.fosskorea.com

계속 상품을 유지합니다. 따라서 채권처럼 원금 상환과 정기적 이자 지급은 보장되지 않습니다. 펀드 운용 성과에 따라 수익률을 받습니다. 물론 전문가에 의한 투자이므로 채권 직접투자보다 더 높은 수익을 올릴 수 있습니다. 다만, 이에 따른 수수료를 부과한다는 점을 명심해야 합니다. 그리고 거래 차익과 이자수익 모두에 과세됩니다.

■ **채권형 펀드 검색: SK증권 HTS**

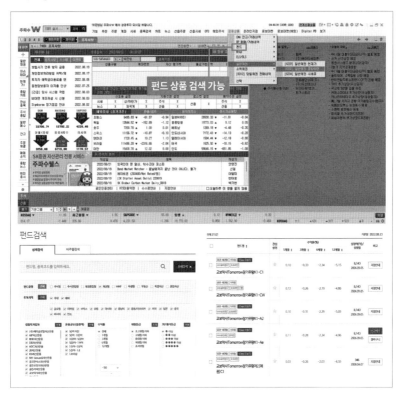

채권형 펀드에 가입하고 싶은 투자자는 금융투자회사 지점에 방문하거나 전화, HTS, MTS를 통해 채권형 펀드를 살 수 있습니다. 그런데 거래 가능 펀드는 금융투자회사마다 서로 다릅니다. 거래 가능한 펀드를 한눈에 살펴보려면 각 증권사의 HTS, MTS뿐 아니라 펀드 전문 투자기관인 한국포스증권(FOSS)의 거래 시스템을 이용하면 편리합니다.

SK증권에서 거래 가능한 채권형 펀드를 검색하고 매수하는 방법을 살펴보면 앞의 [채권형 펀드 검색: SK증권 HTS] 그림과 같습니다.

채권 ETF

ETF는 'Exchange Traded Fund'의 약자입니다. 펀드를 증권시장에서 거래할 수 있도록 상장시킨 것입니다. 각각의 ETF는 주식 한 종목처럼 증권시장에서 자유롭게 사고팔 수 있어서 편리합니다. 그리고 수수료가 낮은 것이 큰 장점입니다.

그중에서 채권 ETF는 채권의 가격 또는 수익률의 움직임을 추종하는 ETF입니다. 한 ETF 안에 여러 종목을 포함하기 때문에 분산투자 효과가 나타나 투자 위험을 낮출 수 있으며, 이를 통해 안정적인 수익을 창출할 수 있다는 장점이 있습니다. 펀드를 구성하는 내역(Portfolio

Deposit File, PDF)과 순자산가치(Net Asset Value, NAV)를 매일 공표하기 때문에 상품의 투명성이 높습니다.

그러나 채권과 채권 ETF는 본질적으로 다르다는 점을 인식해야 합니다. 채권은 만기가 정해진 것이 특징입니다. 그리고 이 기간에 고정적인 이자수익이 발생합니다. 그런데 채권 ETF는 만기가 없습니다. 이는 주식에 만기가 없는 것과 마찬가지입니다. 채권 ETF는 특정한 만기의 채권으로 상품을 구성하여 영속성을 유지합니다. 시간이 지나면 ETF 안에서 빠지는 채권이 있고 새로 편입되는 채권이 생깁니다. 즉, 채권 ETF는 채권으로 구성되지만, 펀드와 주식의 성격을 더 크게 갖습니다. 따라서 채권 ETF의 분배금은 주식의 배당금처럼 유동적입니다. 투자수익률을 정확하게 예측하기 어렵습니다. 그리고 주식처럼 가격이 계속 변동되기에 원금 보장과 상환의 개념이 없습니다. 채권에 투

■ **국채 ETF 매매제도**

매매 시간	정규시장(09:00~15:30), 시간외시장(07:30~09:00, 15:40~18:00)
호가 가격 단위	5원
매매 수량 단위	1좌
가격 제한 폭	상하 30%
주문의 종류	지정가, 시장가, 조건부지정가, 최유리지정가, 최우선지정가
공매도	허용(직전가 이하의 공매도 주문 허용)

주: 채권형 ETF는 거액으로 투자하는 일반 채권 거래와는 다르게 일반투자자도 소액으로 주식처럼 쉽게 투자가 가능함(1좌당 5만~10만 원 수준으로 거래).

자하고 그 결과를 주주에게 제공하는 회사의 주식을 사는 것과 비슷하다고 생각하시면 됩니다.

ETF 거래는 일반 주식 거래와 마찬가지입니다. 금융투자회사의 HTS나 MTS를 이용하여 매수나 매도 주문을 내면 됩니다. 앞의 [국채 ETF 매매제도] 표를 살펴보시면, 채권 ETF가 주식과 차이 없이 거래됨을 알 수 있습니다.

나에게 가장 적합한
채권투자 방법은?

직접투자 vs 간접투자

은행(특정금전신탁)이나 증권회사를 통한 채권 직접투자와 채권형 펀드, 채권 ETF를 통한 채권 간접투자는 여러 면에서 차이가 있습니다. 채권을 주된 투자 대상으로 삼는다는 점에서는 똑같지만, 구체적인 형태가 다르기 때문입니다. 직접투자는 '채권', 채권형 펀드는 '펀드', 채권 ETF는 'ETF'로 분류되며 각각의 고유한 성격에 따라 제도가 운용됩니다.

가장 큰 차이점은 채권 직접투자는 채권 발행기관이 부도를 내지 않으면 원금 상환과 정기적 이자 지급이 보장되는 반면, 채권형 펀드나 채권 ETF는 만기가 없으므로 투자 원금의 온전한 상환에 어려움을 겪을 수 있다는 것입니다.

세금에서도 차이가 납니다. 채권에 직접투자할 경우 채권의 표면금리(약정된 금리)로 발생하는 이자소득은 과세하고 가격 변동으로 인한 매매차익은 비과세(2025년까지)합니다. 그런데 채권형 펀드나 채권 ETF에 투자할 때는 이자소득과 매매차익 모두 과세 대상에 포함됩니다. 물론 채권 이자소득과 마찬가지로 1년에 2,000만 원 이하는 분리과세(15.4%)에 해당하며, 1년에 2,000만 원을 초과할 경우 종합금융소득세에 합산되어 과세됩니다. 다만, 채권투자로 시세차익이 생기면 펀드나 ETF 투자의 세금이 더 많아집니다.

채권형 펀드 vs 채권 ETF

앞에서 채권에 간접투자하는 방법으로 채권형 펀드와 채권 ETF를 각각 알아보았습니다. 그럼 이 둘을 비교하면서 차이를 파악해보겠습니다. 쉽게 말해, 채권형 펀드는 고객의 위탁에 따라서 전문가가 채권 위주로 자산을 운용하는 금융상품입니다. 그리고 채권 ETF는 이러한 채권형 펀드를 주식시장에서 쉽게 사고팔 수 있는 주식 형태로 바꾸어놓은 것이라 할 수 있습니다. 채권형 펀드의 큰 장점은 전문성이고 채권형 ETF는 편의성과 저렴한 수수료가 강점입니다. 채권 ETF는 유가증권시장에 상장되어 있기 때문에 주식처럼 시장 거래가 가능합니다.

채권형 펀드는 금액별로 투자하지만, 채권 ETF는 주식처럼 한 주 단위로 매매합니다. 채권형 펀드는 판매 보수와 운용 보수 등 거래비용이 ETF보다 높습니다. 다만, 펀드매니저의 운용 능력에 따라 초과 수익 달성을 기대할 수 있습니다.

지금까지 살펴본 채권투자 방법을 표로 정리하면 다음과 같습니다.

■ 개인이 채권에 투자하는 방법 비교

구분	직접투자		간접투자	
	증권사	은행(특정금전신탁)	펀드	ETF
접근성	보통	높음	높음	높음
매수 방법	쉬움	복잡함	쉬움	쉬움
중도 환매	보통	어려움	쉬움	쉬움
만기	있음	있음	없음	없음
신용 위험	종류별 상이	보통	낮음	낮음
이자소득세	표면이자 기준	표면이자 기준	총수익 기준	총수익 기준
가격 변동	만기 보유 시 고정수익	만기 보유 시 고정수익	가격 변동 위험 높음	가격 변동 위험 높음
수수료	선취 방식	선취 방식	선/후취	선/후취
현금흐름	안정적 쿠폰 발생	안정적 쿠폰 발생	기준가격으로 환산	기준가격으로 환산

2장

채권시장에
모여드는 개인투자자들

FIXED-INCOME
INVESTMENT

뜨거워진
채권시장

대한민국 채권시장이 뜨겁습니다. 2022년 시작된 개인들의 채권투자 붐이 2023년에도 계속 이어지는 형국입니다. 2022년 이전의 개인 채권투자 규모는 연간 4조 원 내외였습니다. 주식투자에 비해 매우 작은 규모입니다. 그렇다고 개인들이 주식만 한 것은 아닙니다. 채권은 금리상품에 속하는데, 금리상품은 채권이 아니어도 이미 많이 투자하고 있기 때문입니다. 대표적인 금리상품이 정기예금이지요.

그런데 2022년 들어 개인들의 '직접' 채권투자가 가파르게 늘어났습니다. 2022년 9월까지 순매수액이 9조 원에 도달했고 2022년 전체로는 21조 4,000억 원의 순매수액을 기록했습니다. 2021년 연간 순매수

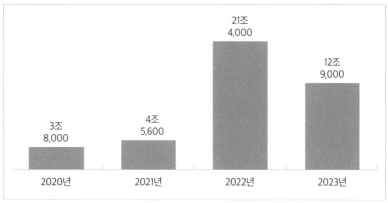

■ 개인투자자 채권 순매수액 추이

단위: 억 원

- 2020년: 3조 8,000
- 2021년: 4조 5,600
- 2022년: 21조 4,000
- 2023년: 12조 9,000

주: 2023년은 4월 말까지
자료: 금융투자협회

규모의 5배가량 되는 금액입니다. 2023년도 4월 말까지 개인투자자의 순매수액이 약 12조 9,000억 원에 달합니다.

게다가 이러한 채권투자 증가는 국내에 국한된 현상이 아닙니다. 외국에서도 같은 흐름이 나타나고 있습니다. 전 세계 금융시장에서 채권으로의 자금 이동이 커지는 현상입니다.

투자자의 시선이
채권으로 몰리는 이유

채권을 향한 관심이 높아진 가장 큰 이유는 채권의 가격이 싸졌기 때문입니다. 뒤에 다시 설명하겠지만, 채권가격은 금리와 반대 방향으로 움직입니다. 2022년에 미국을 중심으로 전 세계 금리가 상승한 것을 기억하실 겁니다. 2023년 현재에도 끝나지 않았죠. 이렇듯 금리가 오르면서 채권가격이 낮아졌고, 그러면서 채권투자에 관심을 갖는 사람이 급격히 늘게 된 것입니다. 가격이 낮아지는 건 투자자로서는 기회이니까요.

그리고 채권이 투자의 대체재로 떠오른 점을 들 수 있습니다. 한 투자자산에 사람들의 관심이 쏠릴 때는 물론 그 투자자산 자체의 매력이 중요한 이유가 됩니다. 하지만 그것만으로는 충분하지 않습니다. 대안이 되는 투자자산의 매력이 떨어질 때 역으로 인기를 끌게 되는 일이 많습니다. 채권투자의 대안적 성격을 갖는 대상은 주식과 부동산입니다. 그런데 2022년부터 주식과 부동산 시장이 불안한 모습을 보였습니다. 특히 우리나라뿐만 아니라 전 세계 주식시장이 모두 침체를 보였죠. 이렇게 주가가 하락한 이유는 각국 정부의 긴축 정책과 금리 상승이라 할 수 있습니다. 그러면서 채권가격과 주가가 동시에 하락했습니다.

이 상황이 모순적으로 느껴질 수 있습니다. 주식과 채권이 둘 다 하

■ **주식시장과 채권시장 흐름 비교**

자료: 한국거래소, 금융투자협회

락하여 가격이 싸졌다면 두 투자 대상 모두 매력이 커져야 하는데, 왜 하필 채권이 더 주목을 받게 되었을까요? 한마디로 '불확실성' 때문입니다. 채권은 주식과 비교할 때 불확실성이 월등하게 낮은 자산입니다. 주식은 사업 성과에 연동되지만, 채권은 약속된 금리를 보장받기 때문이죠. 요약하자면 긴축 기조 속 경제적 불확실성이 커지는 상황에서 가격이 낮으면서 불확실성도 덜한 채권이 투자 대안으로 떠오른 것입니다.

한편, 우리나라에서는 부동산시장 불안도 채권시장으로의 자금 이동을 부추기고 있습니다. 우리나라 자산가들의 투자 패턴을 떠올려보겠습니다. 부동산가격 상승을 기대할 때는 부동산을 구매하여 보유합니다. 그러다가 적절한 시점에 부동산을 팔고 그 돈을 예금으로 보유합니다. 그리고 시장을 관찰하여 다른 부동산을 매입하거나 주식에 투자합니다. 부동산이나 주식으로 이동하는 사이에 대기성 자금이 존재하는데, 이것이 주로 고정이자형 상품에 들어갑니다.

그런데 상황이 묘해졌습니다. 앞에서 이야기했듯이 주식시장의 위험과 불확실성이 커졌습니다. 이와 함께 부동산이 위험하다는 인식도 퍼졌습니다. 2022년 이전 5년간 급격하게 상승한 상태인 데다 자산가와 청년층의 주택 매수 급증으로 추가적인 수요를 기대하기 어렵게 되었습니다. 또한, 우리나라는 가계부채 비율이 매우 높습니다. 그래서 부동산시장이 한 번 불안해지면 회복에 시간이 꽤 오래 걸릴 가능성이 큽니다. 개인들이 쉽게 접근할 수 있는 자산 중 대표적인 주식과 부동산의 기대수익률이 낮아진 것이 채권에 대한 관심이 급증한 또 하나의 이유라 할 수 있습니다.

채권왕 제프리 건들락의
조언

 '채권왕'으로 불리는 사람이 있습니다. 미국의 투자회사 더블라인캐피털의 창업자이자 최고경영자인 제프리 건들락입니다. 그는 원래 가수였습니다. 그러다 돈을 벌기 위해 투자를 시작했다고 하죠. 현재 개인 자산만 2.6조 원에 달한다고 알려졌습니다. 그가 이끄는 더블라인캐피털은 약 180조 원에 달하는 자산을 운용하고 있습니다. 건들락은 2022년 이후부터 비관적인 경제 전망을 내놓고 있습니다. 그리고 자금을 '안전자산'으로 이동시키라고 권합니다. 그중에서도 채권, 특히 장기채 투자가 유망하다고 밝히고 있습니다.

 그런데 2021년 초까지만 해도 건들락은 인플레이션 우려가 심해질 것이기 때문에 금리가 오를 것으로 보고 채권을 매도하라고 권유해왔습니다. 이때 투자와 물가를 관련지어 생각한 사람은 소수였지요. 그러던 건들락이 의견을 바꾸었습니다. 금리 상승 국면에서 채권을 매수해서 금리가 하락할 때 매도하면 10~15% 이익을 얻을 수 있다고 보았습니다. 물론 주식 종목을 잘 고르면 이보다 수익률이 높을 수도 있습니다. 하지만 채권의 경우 혹시 금리가 올라도 만기 보유하면 금리를 받을 수 있으니 좋은 투자 대안이라고 설명합니다.

한국 투자자들도 물가와 금리의 변동을 중심으로 채권투자 전략을 짜라는 제프리 건들락의 조언을 귀담아들을 필요가 있습니다.

그런데 한 가지 경계해야 할 점이 있습니다. 어떤 투자 대상이 유망하다고 해서 무조건 낙관하는 것은 위험하다는 사실입니다. 정보가 풍부해진 시대이긴 하지만, 개인투자자와 전문투자자나 기관투자자 사이에는 여전히 실력 차이가 있습니다. 제프리 건들락이 4%대의 미 국채금리 환경에서 10~15% 채권투자수익률을 낼 수 있다고 생각하는 것은 채권과 관련된 각종 정보와 수단을 효율적으로 이용해 매매에 활용할 수 있기 때문입니다. 예를 들어 원금을 기초로 빚을 내 더 큰 규모를 투자할 수도 있습니다. 하지만 모두 그렇게 할 수 있는 것은 아닙니다.

금리가 올랐다고 해서 치밀한 고려 없이 채권에 뛰어드는 것도 금물입니다. 지금은 인플레이션 시대입니다. 그런데 언제까지 어느 정도로 인플레이션이 높아질 것인지 판단하기 어렵습니다. 그런데도 배경지식과 판단 없이 채권에 투자하는 것은 자기 자산의 실질 가치를 낮추는 행위가 될 수 있습니다.

실례를 하나 들어보겠습니다. 현재 3년 만기 회사채금리가 4.7% 수준이고 여기에 투자했다고 가정해봅시다. 만약 앞으로 3년간 물가가 계속 5% 이상을 유지하면 어떨까요? 실제로 경제협력개발기구(OECD)는 우리나라의 물가 상승률을 5% 이상으로 전망한 적이 있습니다. 물론 이 경우에도 이자는 받을 수 있습니다. 그런데 내가 투자한 원금의 실질 가치는 떨어질 것입니다. 물가가 올랐으니까요. 지금 100만 원으

■ **소비자물가 상승률과 채권 실질금리 변동 추이**

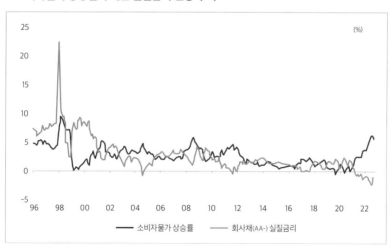

자료: 한국은행, 금융투자협회

로 살 수 있는 물건을 3년 후에는 살 수 없게 되죠.

따라서 채권투자에 관한 기본 지식과 판단력이 요구됩니다. 여러분이 이 책을 읽으며 공부하는 것도 이를 위해서입니다. 투자하려는 채권이 있다면 투자 기간, 금리 전망, 신용 위험 등에 대한 적절한 분석을 해보아야 합니다. 되도록 고정이자가 높은 채권을 선택하는 것은 물론이고 중도 매도 등을 활용해 수익률을 극대화할 능력을 갖추어야 합니다. 이것은 채권의 본질을 알아야 가능합니다.

내 재산을 지키고
불리는 채권 공부

앞에서 채권투자의 위험성을 이야기했습니다. 그런데 걱정이 하나 생깁니다. '독자 여러분이 이 위협 때문에 채권투자를 두려워하거나 어렵다고 생각하면 어쩌지' 하는 것입니다. 저는 우리나라 채권시장의 문제점이 여기에 있다고 생각합니다. 많은 사람이 채권투자를 어렵다고 느낍니다. 어렵다고 여기기에 배우기를 꺼리고, 잘 모르니 투자를 하지 않는 악순환에 빠져 있습니다.

"나는 평생 한 번도 채권에 투자한 적이 없어요." 많은 사람이 이렇게 이야기합니다. 하지만 이 말은 반은 맞고 반은 틀렸습니다. 채권에 직접투자한 적은 없더라도 채권과 비슷한 성격을 갖는 금융상품에는 이미 많이 투자해왔을 것이기 때문입니다. 사실 예금도 채권의 한 종류라고 볼 수 있습니다. 물론 예금은 중도 매매가 자유롭지 않고 이때 자본이득을 얻을 수도 없습니다. 하지만 해지할 수 있으니 유동성이 아예 없는 것도 아닙니다.

직접 채권을 매수하지 않더라도 채권형 펀드에 가입하면 채권투자를 하는 셈입니다. 최근에는 개인의 채권형 펀드 가입이 크게 줄어든 것이 사실입니다. 하지만 은행 등에서 파는 MMF(Money Market Fund, 단기금융펀드)나 증권사의 CMA(Cash Management Account, 자산관리계좌) 상품을 선택한 경우는 꽤 많습니다. 이렇게 직접 채권투자는 하지 않더라도 자기도 모르는 사이 간접적인 형태로 채권에 투자하고 있는 사람이 꽤 많습니다.

그러니 채권투자에 대한 막연한 두려움, 어렵다는 느낌을 버리고 공부를 시작하길 권합니다. 기초 지식과 안목을 기르고 나면 효과적인 채권투자의 길이 열릴 것입니다.

실제 많은 사람이 채권투자로 쏠쏠한 재미를 보고 있습니다. 제 주변에서도 그런 분들을 어렵지 않게 만날 수 있습니다. 자신의 목적에 따라 효율적으로 채권에 투자하고 있습니다. 서울 서초구에 사는 제 지인은 전체 금융자산 포트폴리오를 구성할 때 주식에는 10%만 투자하고 나머지는 고금리 채권에 투자합니다. 그는 자산이 많아서 안전성을 더 많이 추구하기 때문에 이런 선택을 했습니다. 그런데 또 다른 이

유도 있습니다. 정기적인 이자수익 때문입니다. 그는 총 4억 원 정도를 3개월 단위로 이자를 지급하는 고금리 채권에 투자하고 있습니다. 그래서 매달 150만 원 정도를 이자로 받고 있습니다. 현재 부동산 임대수익 등과 비교하면 나쁘지 않은 수익성입니다. 신경 쓸 일이 많이 생기는 부동산 임대보다는 훨씬 수월한 것도 큰 장점입니다.

경기도 고양시 일산에 사는 자산운용사 대표 한 분은 공격적인 채권투자를 시작했습니다. 2022년 금리가 상승하자 30년 만기 국채를 적절한 시점에서 매수했습니다. 나중에 금리가 떨어졌을 때 매도해 수익을 챙기겠다는 계획을 가지고 있습니다. 앞에서 소개한 제프리 건들락과 같은 전략이지요.

이분들이 채권투자로 자신의 금융적 목표를 이루어가는 것은 결국 채권의 본질에 대해 잘 알기 때문입니다. 이런 사례를 볼 때 지금이라도 채권을 공부해야 할 이유는 충분하지요. 자신의 상황과 목표에 맞게 채권을 잘 이용할 수 있으니까요.

채권 공부는
금융 공부이자 경제 공부

　채권에 대해 공부하면 효과적인 채권투자를 할 수 있게 되는 것 외에도 큰 이점이 있습니다. 채권뿐만 아니라 금융시장 전반, 더 나아가 경제 환경을 이해하는 데 큰 도움이 됩니다. 이것은 채권을 통해 '금리'라는 금융 경제의 본질적 속성을 만나기 때문입니다.

　채권은 인류 역사에서 오래된 금융상품입니다. 주식보다 훨씬 더 빠릅니다. 주식이 어떻게 발생했는지부터 살펴보죠. 주식은 '주식회사'와 함께 출발합니다. 17세기 네덜란드 동인도회사가 첫 사례라고 알려졌습니다. 그 무렵 네덜란드를 비롯한 유럽 사람들은 인도의 향신료에 푹 빠졌습니다. 인도에서 향신료를 확보해서 싣고 오면 비싼 값으로 팔 수 있었습니다. 동인도회사는 향신료 무역으로 큰돈을 벌었습니다. 회사의 규모도 엄청났습니다. 지금 세계에서 가장 큰 회사 애플의 시가총액이 3조 달러를 넘나드는데요. 동인도회사는 현재 기준에서 평가하면 시가총액이 8조 달러에 달했다고 분석됩니다.

그런데 동인도회사는 치명적 문제를 안고 있었습니다. 선박 기술이나 항해술이 지금과 같이 발전하지 못해서 장기간·장거리 항해에 따르는 위험이 컸습니다. 향신료를 실은 배가 예상한 것보다 훨씬 늦게 들어오는 때도 허다하고 심지어는 아예 배가 전복될 수도 있습니다. 한 투자자가 이런 엄청난 위험 부담을 다 안을 수는 없었죠. 그래서 위험을 분산하기 위해 주식을 발행해 자금을 모으고 수익을 배분하는 방식을 고안했습니다. 이것이 주식회사와 주식의 시작이죠.

그러면 채권은 언제 어떻게 출발했을까요? 채권 발행은 주식보다 훨씬 더 오래전에 시작되었죠. 채권은 대규모 전쟁과 역사를 함께합니다. 과거 왕국들은 전쟁을 많이 치렀는데, 전쟁에는 돈이 많이 들어갔습니다. 세금으로는 이를 감당할 수 없었습니다. 그래서 왕국들은 채권을 발행해 자금을 조달하고 나중에 원금과 이자를 지급하는 방식을 활용했습니다. 이것을 채권의 유래로 봅니다.

그런데 전쟁 자금 조달을 위한 채권 발행은 현대적 의미에서 채권 역사가 시작된 시점을 의미할 뿐입니다. 그보다 더 본질적 의미에서 보면 채권 역사는 인류 경제사와 출발점이 비슷합니다. 채권의 가격인 금리는 인간 역사에서 '잉여'가 생겨 빌리고 빌려주는 행위가 나타난 후 가장 먼저 생겨난 개념이기 때문입니다.

　그래서 채권과 채권의 가격인 금리에 대해 잘 이해한다면, 금융시장과 경제에 대해 폭넓은 안목을 가질 수 있습니다. 금리를 보고 지금 경제가 어떤 상황인지를 파악할 수 있지요.

금리가
곧 경제다

금리가 경제를 진단하는 준거라고 했습니다. 그렇다면 금리는 어떤 방식으로 경제 상황을 판단하게 해줄까요? 먼저 금리는 어떤 경제의 건강한 정도를 나타내는 척도가 됩니다. 몇 가지 상황을 살펴봅시다.

금융시장에 큰 위험이 없고 물가가 안정된 상태에서 금리가 높은 것은 그 나라의 경제성장률이 높다는 점을 의미합니다. 즉, 돈을 빌리는 사람들이 높은 금리를 주어도 사업과 투자 등을 잘해서 갚을 수 있는 상황이라는 것입니다.

그런데 위험이 커지면서 나타나는 금리 급등은 앞의 경우와는 반대입니다. 그 나라 또는 그 나라의 경제주체 중 상당수가 자신의 부채를 갚지 못할 수 있음을 의미합니다. 채무를 이행하지 못할 위험이 위험 프리미엄의 형태로 금리에 반영된 것입니다.

금리는 국가 경제를 판단할 때 중요한 지표가 됩니다. 또한, 현대 국가들은 금리를 통해 경제정책을 수행합니다. 주식을 통해서는 중요한 경제정책을 펼칠 수 없습니다. 주식을 거래하는 사람들이 제한적이며 실제로 주가에 직접적 영향을 받는 주체는 민간기업과 주식투자자뿐이기 때문입니다. 하지만 금리는 광범위한 사람에게 영향을 끼칩니다. 기업과 가계 대부분이 자연스러운 경제활동 과정에서 부채와 이자 지급 자산을 가지고 있기 때문입니다. 심지어 부채가 많은 정부도 금리에 지대한 영향을 받습니다.

금리는 세계 경제를 변동시키는 근간이 됩니다. 금융위기들은 대부분 금리 문제에서 시작되었습니다. 2008년 세계 금융위기를 떠올려봅시다. 이는 미국의 '서브프라임 모기지 사태'에서 비롯되었습니다. 신용이 낮은 사람에게 주택담보대출을 남발했는데, 이 대출을 바탕으로 각종 파생금융상품 등이 판매됨에 따라 부실 규모가 커졌고 악영향이 전 세계로 번졌습니다.

그런데 주택담보대출을 받은 사람들은 왜 돈을 갚지 못했을까요? 집값이 담보 가치보다 낮아져 팔아서 상환할 수 없는 상황이기도 했지만, 그 지경까지 몰린 것은 금리가 올랐기 때문입니다. 그 당시 저금리였다가 굉장히 높은 수준까지 급속도로 금리 인상이 진행되었습니다.

갚아야 할 이자 부담이 커지자 저소득층들이 손을 놓기 시작한 것입니다. 금리가 계속 낮게 유지될 수만 있었다면 서브프라임 모기지 사태나 이어진 세계 금융위기도 없었을 거라는 예측도 가능합니다. 그렇지만 금리는 경제 자체와 정책 당국의 목표 등 다양한 요소를 반영하기 때문에 마음대로 낮게 유지될 수도 없습니다. 이처럼 금리는 경제 위기의 핵심 변수로 작용하기도 합니다.

채권시장으로부터 경제위기가 비롯된다는 사실은 매우 중요한 시사점이 있습니다. 자기 돈을 잃는 것보다 남에게 갚지 못하는 것이 경제에서는 더 큰 충격입니다. 주식시장이 큰 충격을 받아도 세계 경제가 휘청입니다만, 촘촘하게 엮인 금리시장이 충격을 받을 때와는 비교할 수 없습니다. 돈을 못 갚으면 경제의 근간이 되는 신뢰가 무너지기 때문입니다.

따라서 채권시장의 상황과 금리를 공부하면 현재 경제의 건강성, 정책 기조, 나아가 경제위기 발생 가능성 등을 가늠하는 데도 큰 도움이 될 것입니다. 채권 공부는 통찰력 있고 유능한 투자자가 되는 지름길입니다.

채권이란
무엇인가?

FIXED-INCOME
INVESTMENT

만기와 현금흐름의 조건이
사전에 결정된 유가증권

채권은 한마디로 말해 돈을 빌리면서 발행한 증권입니다. 우리가 돈을 빌리면서 쓰는 차용증을 떠올려봅시다. 여기에는 누가 누구에게 돈을 빌리는지, 언제까지 갚을지, 이자율은 얼마인지, 이자는 언제 지급할지 등을 기록하게 됩니다. 이 차용증을 '형식 요건을 갖춘 증권'으로 만든다고 생각하면 쉽습니다. 개인 간의 차용증은 돈을 빌려주는 사람이 정해지지만, 증권이 된다면 돈을 갚을 사람만 정하면 되고, 받을 사람이 누구인지는 기록할 필요가 없습니다. 증권을 가진 사람이 다른 사람에게 팔 수 있으니까요. 여기서 돈을 갚을 사람이 결국 채권 발행자입니다.

또한, '언제까지' 갚겠다가 아니라 '언제' 갚겠다는 식으로 만기일도 확실히 정하게 될 것입니다. 물론 이자율과 이자 지급 일자도 분명히 기록하겠죠. 또한, 차용증은 돈을 빌리는 사람과 빌려주는 사람 사이의 신뢰를 바탕으로 작성되지만, 이것이 증권화된다면 돈을 빌리는 사람의 신용이 확실해야 할 것입니다. 이렇듯 차용증이 법적 요건을 갖추어 유가증권화된 것이 채권이라고 이해하면 크게 무리가 없을 것입니다.

이것을 조금 더 딱딱하게 채권투자 용어로 설명하자면 '만기와 현금흐름의 조건이 사전에 결정된 유가증권'이 됩니다. 만기란 나중에 원금을 돌려받는 시점이며, 현금흐름은 정해진 날짜에 정해진 액수로 지급되는 이자와 마지막에 되돌려주어야 할 원금입니다. 또 중요한 점은 '사전에 결정된다'는 것입니다. 채권 발행 시점에 모든 조건이 결정되어 있습니다.

이것은 주식과 채권이 본질적으로 다른 점입니다. 주식에 액면가가 있지만, 이 가격은 발행 당시의 가격일 뿐 회사 상황에 따라 주가는 오르기도 하고 내려가기도 합니다. 하지만 채권에 적힌 가격은 중간에 금리 변동에 따라 변하더라도 만기에 갚을 금액은 그대로입니다. 주식은 액면보다 가격이 낮아질 경우에도 액면 가치를 되돌려줄 주체가 없습니다. 자신이 곧 기업의 주인이니까요. 물론 주식도 배당을 주지만, 배당액은 정해진 것이 아닙니다. 실적이나 상황에 따라 유동적입니다. 반면 채권은 미리 정해진 이자율이 있습니다. 주식은 만기가 없지만, 채권은 만기가 정해져 있습니다.

광범위한 발행 주체, 수많은 종목

주식은 기업만이 발행합니다. 투자자로부터 자금을 모아서 이익이 나면 그것을 배당하는 방식입니다. 물론 배당하지 않더라도 축적하거나 재투자하여 기업의 가치를 올립니다. 그러면 주식 가치가 올라가니 투자자에게도 이익이 돌아가는 셈입니다. 이렇듯 주식은 투자자에게 이익을 돌려준다는 개념을 가지고 있습니다.

그런데 정부나 공공기관, 지방자치단체 등은 이익을 목표로 움직이지 않습니다. 이익을 돌려줄 수 없으니 주식을 발행할 수 없습니다. 그렇지만 이들도 채권은 발행할 수 있습니다. 채권은 이익을 분배하는 것이 아니라 원금과 이자를 갚을 것이라는 약속만 하면 발행할 수 있기 때문입니다. 세금을 걷어서 갚아도 되고 보유한 자산을 팔아서 갚을 수도 있습니다. 더욱이 정부, 공공기관, 지방자치단체는 공신력이 큽니다. 약속을 지킬 것이라는 확신을 제공할 수 있습니다. 따라서 채권 발행기관은 주식보다 훨씬 광범위합니다. 이자와 원금을 상환할 수 있는 기관이면 됩니다. 물론 일반 기업이나 금융기관도 채권을 발행할 수 있습니다.

채권을 발행하는 주체가 광범위하기에 채권 종목은 주식보다 훨씬 많습니다. 그리고 채권 종목이 훨씬 더 많은 이유가 더 있습니다. 같은 기관이 발행한 채권이라고 해도 언제 발행했는지에 따라 모두 다른 종목이 됩니다. 앞에서도 이야기했지만, 현재 우리나라 주식은 코스피와 코스닥을 합쳐 약 2,500종목입니다. 그런데 채권 종목 수는 8만 개에 달합니다.

채권투자
기본 용어

채권을 사고팔기 위해서는 몇 가지 기본 용어를 꼭 알아야 합니다. 그런데 알아야 할 용어들은 그리 많지도 않으며 별로 어렵지 않습니다. 주식투자를 위해 주가수익비율이나 배당, 공매도, 그 밖의 수많은 복잡한 용어를 배워야 하는 것과 비교하면 몇 안 되는 기본 채권 용어들을 익히는 것은 그리 번거로운 일이 아닐 것입니다. 꼭 숙지하기를 바랍니다.

액면

만기에 돌려주어야 할 원금을 말합니다. 즉, 발행하는 채권의 금액란에 표시하는 수치입니다. 이 액면가격의 계산 한 단위는 우리나라는 1만 원, 미국은 100달러입니다. 금리는 이 액면에 대한 비율이 됩니다. 주식을 발행할 때도 액면가라는 개념이 있습니다. 보통은 5,000원인데 요즘은 500원도 많습니다. 우리나라에서는 이 액면가가 배당의 기준이 됩니다.

만기

돈을 갚는 날짜입니다. 공식적으로 표현하면 사전에 정해진 액면을 돌려주는 시점입니다. 이 기간이 지나면 해당 채권의 수명은 끝납니다. 만기는 주식과 채권이 결정적으로 다른 점입니다. 주식은 만기가 없습니다. 기업이 되사서 소각하지 않는 한, 그리고 기업이 살아 있는 한 주식회사의 주식은 계속 존재합니다. 상장 폐지된 회사에도 주식은 존재합니다. 주식회사가 사라져야 주식도 없어집니다.

그렇지만 빌린 돈은 언젠가 갚아야 합니다. 빌려주는 사람도 특정 시점에 원금을 돌려받는다는 전제에서 돈을 빌려줍니다. 최근에는 주식과 채권의 중간적 형태로 영구채가 발행되기도 합니다. 하지만 이 경우에도 대부분 중간에 콜 조항을 넣어서 기업이 되사는 게 일반적인 관행입니다.

표면이율

표면금리라고도 합니다. 사전에 정해진 날 지급해야 할 이자를 계산할 때 사용하는 금리입니다. 보통 발행 당시의 시장금리와 비슷한 수준에서 결정됩니다. 그래야 채권 매수자가 선뜻 매수할 수 있겠죠. 채권 표면이율을 시장금리보다 낮게 하거나 높게 책정하는 경우도 있습니다. 이때는 그만큼 더 싸거나 비싸게 채권이 발행됩니다. 표면이율은 시장금리가 변해도 만기 때까지 변하지 않습니다. 즉, 고정된 이자입니다.

이러한 표면이율은 주식 배당이 기업 실적과 상황에 따라 달라지는 것과 비교되는 채권의 큰 특징이며 투자자를 불러들이는 매력이 됩니다. 표면이율 계산은 간단합니다. '표면이율 5%, 3년 만기, 6개월 단위'라고 표시된 채권이 있다면 이 채권은 6개월에 한 번씩 1만 원당 250원(연리 5%의 1/2이므로)을 3년간 채권 보유자에게 지급해야 합니다. 1억 원어치를 샀다면 250만 원이 되겠지요.

채권의 이자 지급 방식은 이표채, 할인채, 복리채의 3가지로 나뉩니다. 이표채가 가장 일반적인 경우입니다.

① **이표채**: 정해진 이자 지급 주기에 따라 만기일까지 정기적으로 이자를 지급합니다.

② **할인채**: 만기일까지의 이자를 미리 단리로 할인하여 채권가격을 깎아주는 방식입니다. 따라서 별도의 이자를 지급하지 않습니다.

③ **복리채**: 이자를 정기적으로 지급하지 않는 대신 이 이자를 복리로 재투자합니다. 재투자된 이자는 만기일에 원금과 함께 지급합니다.

경과 기간과 잔존 기간

경과 기간은 채권을 발행한 후 특정 시점까지 흐른 기간을 말합니다. 잔존 기간은 그 특정 시점부터 만기까지 남은 기간을 말합니다. 채권이 발행된 이후에는 시간이 갈수록 처음에 약속한 만기가 점점 가까워집니다. 즉, 현재부터 원금 상환까지의 기간은 점점 짧아지는 것이죠. 만약 처음에 3년 만기로 발행된 채권이 1년 지났다면 경과 기간은

1년이고, 잔존 기간은 2년입니다. 이 시점에서 채권이 거래될 경우 금리는 2년 만기를 적용받습니다.

이외에도 다양한 채권 용어가 있습니다. 하지만 이 정도만 알고 시작해도 채권투자를 하는 데 큰 어려움이 없을 것입니다.

채권가격은
어떻게 정해지나?

이제 채권가격을 계산하는 방법을 설명하겠습니다. 기본 원리는 간단합니다. 채권의 가치는 결국 미래(만기)에 생길 금액의 총합계인데, 그 금액이 현재로는 얼마인지 계산하는 것입니다. 지금 가지고 있는 100만 원과 1년 후에 생길 100만 원의 가치가 다르다는 것은 누구나 직관적으로 알 수 있을 겁니다. 시장금리가 있으므로 현재 95만 원을 투자해놓으면, 예를 들어 1년 후 100만 원이 될 수 있기 때문입니다. 따라서 이 경우 1년 후 생길 100만 원은 지금 주머니에 있는 95만 원과 같은 가치를 갖는다고 보면 됩니다.

반대로 지금 100만 원을 1년간 투자해놓으면 105만 원이 될 수 있습니다. 이 경우 1년 후 105만 원의 현재 가치를 100만 원이라고 표현할 수 있습니다. 이것은 투자자산의 가격을 계산하는 기본 원리입니다. 어떤 자산의 가격은 그 자산을 보유함으로써 얻게 되는 현금흐름을 현재 가치로 환산하여 합친 것입니다. 그리고 현재 가치는 미래 발생하는 현금흐름이 지금 얼마로 평가되어야 하는가를 의미합니다.

이것을 수식으로 표현하면 다음과 같습니다.

$$p = \frac{C_1}{(1+y_1)} + \frac{C_2}{(1+y_2)^2} + \cdots + \frac{C_n}{(1+y_n)^n} + \frac{F}{(1+y_n)^n}$$

P: 채권가격
n: 만기까지 이자 지급 횟수
C: 표면이자
F: 액면
y: 시장금리

복잡한 수식이 등장하니 머리가 어지러운 분도 계실 겁니다. 하지만 개념적으로 볼 때 주가 계산이 훨씬 더 복잡합니다. 이 정도면 매우 간단한 공식입니다. 거기다 실제 채권투자에서는 온라인상의 투자 계산기 등을 이용하여 간단하게 결과값을 산출해낼 수 있습니다. 이 공식을 외워서 채권을 사고팔 때마다 직접 계산하는 게 아니니 편안하게 받아들이고 원리를 이해하는 데만 집중하시기 바랍니다.

채권은 종류에 따라 만기까지 여러 번 이자를 주는 채권도 있고 그렇지 않은 채권도 있습니다. 그렇지만 수식에서는 이것을 일반화해서 썼습니다. 수식에서 채권가격 P는 앞으로 들어올 이자와 원금에 대해 각각의 기간에 대한 할인율로 현재 가치화해서 합한 것입니다.

복잡해 보이는 수식에도 불구하고 제가 채권가격 계산이 쉽다고 말씀드렸는데요. 일반적인 채권의 경우 표면이자 C가 모두 같기 때문입니다. 그리고 시장금리 y도 같습니다. 엄격하게 따지자면 y가 다 달라야 하지만, 우리가 쓰는 시장금리는 이것을 가중평균해놓은 것이기 때문에 하나만 쓰면 됩니다.

이 수식을 들여다보면 재미있는 사실 한 가지를 발견할 수 있습니다. 금리 y가 분모의 자리에 있으므로 다른 조건이 같을 때 금리 y가 클수록 채권가격 P는 작아진다는 점입니다. 그리고 표면이자 C가 분자의 자리에 있으므로 다른 조건이 같을 때 표면이자 C가 클수록 가격 P도 커진다는 점도 알 수 있습니다.

거듭 강조하지만, 수식에 겁을 먹으면 안 됩니다. 특히 수학을 싫어하는 분들은 고개를 돌리지 마십시오. 실제로 채권가격을 계산할 때 일일이 계산하지 않습니다. 시장에서는 시장금리로 거래되고 가격 계산은 기계가 알아서 합니다. 이 수식은 역설적으로 채권가격의 산출 원리가 간단하다는 것을 보여줍니다. 주가보다 채권가격 계산이 더 간단한 것을 이 식을 보면 알 수 있습니다. 주식은 발생하는 현금흐름, 즉 배당이 모두 다르고, 시장금리 y 자리에 무엇을 쓸지 애매합니다. 게다가 결정적으로 만기가 정해져 있지 않습니다.

채권가격 계산은 각기 자리에 정해진 확실한 값만 집어넣으면 기계가 정확하게 해냅니다. 어렵게 느끼고 질색할 이유가 없습니다. 그래도 하나의 단순한 사실을 기억하고 넘어갑시다.

"시장금리가 변하면 채권가격이 변한다. '반대 방향'으로!"

채권의
기대수익과 위험성

앞에서 채권가격 계산 수식을 소개하면서 주식에 비해 간단하다고 이야기했습니다. 만기와 표면이율 등 사전에 확정되는 요소가 많기에 채권은 단순하며 불확실성이 작은 투자자산이라고 할 수 있습니다.

그렇다고 채권을 안전자산으로만 간주할 수는 없습니다. 실제로 자산별 위험과 수익 구조를 보면 채권의 위험도는 상당히 넓게 퍼져 있습니다. 어떤 예금보다 더 안전한 채권이 있는가 하면, 때에 따라서는 주식보다 더 위험한 채권도 존재합니다.

이렇듯 폭넓은 위험과 수익 구조를 보이는 이유는 채권 발행자가 매우 다양하고 만기도 천차만별이기 때문입니다. 물론 불확실성이라는

■ **일반적인 자산별 위험과 기대수익 구조**

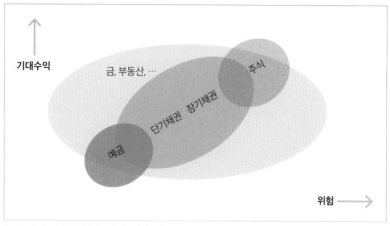

주: 예금과 채권도 신용 위험이 있어 원금 전체 손실을 볼 수 있으나 이 그림은 신용 위험이 발생해도 채권이 주식보다 우선 청구권이 있음을 반영해 작성

측면에서 보면 주식이 불확실성이 더 크다는 점은 분명합니다. 하지만 실제로 가격이 움직이는 범위나 투자수익률 관점에서 보면 주식의 가격 변동 범위보다 더 큰 변동성을 갖고 주식의 투자수익률보다 더 이익이나 손실을 내는 채권들도 존재합니다.

예금보다 안전하다고 평가받는 채권으로 단기국채를 들 수 있습니다. 극단적인 상황을 가정하자면 은행도 망할 수 있으며 예금을 돌려줄 수 없는 경우가 생깁니다. 하지만 자국 통화 국채는 그런 상황이 빚어질 가능성이 없습니다. 특히 단기국채의 경우 금리 변동에 따른 가격 변동성 자체도 작습니다.

채권과
주식의 차이점

앞에서 알아본 내용을 다시 한번 정리하는 차원에서 채권과 주식을 비교해봅시다. 특히 차이점에 주의하면 채권을 이해하는 데 도움이 될 것입니다.

채권은 이익을 목표로 삼은 기관이 아니더라도 발행할 수 있다는 점에서 주식과 크게 다릅니다. 주식은 주식회사만 발행할 수 있습니다. 이런 이유로 채권 종목이 너무 많아져 복잡하게 느껴지긴 하지만, 반대로 이 때문에 채권이 더 많은 기회를 제공해주기도 합니다.

채권과 주식은 각각 타인자본, 자기자본으로 불립니다. 발행자 관점에서 보면 채권은 빌린 돈이지만, 주식은 스스로 주인으로 참여하겠다

■ **채권과 주식의 차이**

구분	채권	주식
발행자	정부, 지자체, 특수법인, 주식회사	주식회사
자본의 성격	타인자본	자기자본
경영권 참여 여부	없음	있음
소유 시 권리	- 회사 정리 절차 증에서 채권단에 참여 - 확정부 이자 수취 - 주식에 우선하여 재산 분배권 가짐	- 의결권 - 배당금 수취 - 잔여 재산 분배권
증권의 존속 기간	영구채권을 제외하면 모두 기한부 증권	발행 회사와 존속을 같이하는 영구 증권
원금 상환	만기 시 상환	없음
위험	상대적으로 작다	상대적으로 크다

고 들어온 돈입니다. 그래서 채권투자자는 주주가 갖는 의결권이 없습니다. 그 대신 회사가 파산했을 때 우선적으로 돈을 받을 수 있는 권리를 갖습니다. 주식을 보유한 사람은 그 회사의 주인이므로 채권자한테 먼저 돈을 주고 남은 돈을 가질 수 있습니다.

주식을 보유한 사람은 배당을 받는데 그 시기나 금액은 정해져 있지 않습니다. 그런데 채권을 보유하면 이자를 받으며 만기가 도래하면 원금을 돌려받습니다. 주식은 회사가 망하지 않는 한, 혹은 회사가 매입하여 소각하지 않는 한 사라지지 않습니다. 하지만 채권에는 만기가 있고 그 이후에는 소멸합니다.

채권의 위험성은 주식에 비해 상대적으로 작다고 평가됩니다. 발행

시에 이미 정해진 것이 많기 때문입니다. 그러나 채권은 발행 주체와 기간 등에서 워낙 다양한 면모를 가지기 때문에 종목마다 위험도에서 큰 차이를 보입니다. 대부분은 그렇지 않지만, 우량기업 주식보다 더 위험하거나 예금보다 더 안전한 채권도 존재합니다. 부도가 나서 원금 전체를 잃는 채권도 있고 은행보다 안전한 정부가 보증하는 채권도 있습니다. 그런데 이를 바꿔서 생각해보면 채권투자자에게는 그만큼 기회가 많다고 볼 수 있습니다.

채권투자 수익에 대한 세금은?

    모든 금융상품처럼 채권에 투자했을 때도 세금을 내게 됩니다. 이 자소득은 과세가 되는 소득 중 하나이기 때문에 표면금리를 기준으로 받은 이자에 대해 15.4%의 소득세를 내야 합니다. 조금 더 정확하게는 이자소득에 대한 소득세 14%와 지방소득세 1.4%가 이자를 지급받는 시점에 원천징수됩니다.

    예를 들어 3개월 단위로 이자를 지급하는 표면금리 4%의 채권을 액 면 1,000만 원어치 매수한 경우 정해진 3개월마다 한 번씩 지급되는 10만 원의 이자에 대해 1만 5,400원의 세금을 원천징수한다는 것입니 다. 원천징수는 소득을 얻은 사람이 자신의 세금을 직접 납부하지 않고, 원천징수 대상 소득을 지급하는 원천징수 의무자(국가, 법인, 개인사업자, 비사업자 포함)가 소득자로부터 세금을 미리 징수해 국가에 납부하는 제도인데, 채권을 대신 사고 맡아주는 금융기관도 원천징수 의무자입니다. 따라서 투자자는 그 시점에 원천징수된 후 8만 4,600원의 세후이자를 지급받게 되지요. 그런데 이러한 일들은 채권을 매수한 금융기관 통장에서 모두 자동 처리되기 때문에 투자자들이 따로 신경 쓸 이유가 없습니다.

그런데 여기에서 몇 가지 질문이 발생합니다. 우선, 채권을 중간에 팔 경우입니다. 파는 시점과 이자가 지급되는 시점은 같을 이유가 없는데, 내가 판 채권을 중간에 산 사람은 보유하지 않은 기간에 대해서도 이자에 대한 세금을 내야 하는 것으로 생각될 수 있기 때문입니다. 하지만 이 같은 점 때문에 채권가격에는 보유 기간 중 세금이 반영됩니다. 즉, 내가 이자를 받게 될 권리를 가진 3개월 중 1개월만 보유하고 중간에 매도할 경우 가격에는 내가 보유한 1개월 기간만큼의 이자는 내가 받은 것으로 감안해 가격에서 빼주고, 해당 이자 부분만큼의 세금은 실제 이자를 받아 세금을 내야 하는 다음 투자자를 위해 가격에 더해주는 방식으로 가격이 계산되는 것입니다.

이렇게 설명하면 조금 복잡해 보이긴 하지만, 보유 기간만큼만 이자를 받고, 이자를 받은 만큼에 대해서만 세금을 내야 한다는 원칙에 비추어보면 당연한 일입니다. 게다가 이러한 계산은 모두 자동으로 이루어지므로 투자자들은 원리만 이해하고 있으면 됩니다. 내가 유통시장에서 거래되는 채권을 살 때도 그 가격에는 내가 보유하지 않은 기간만큼의 이자와 세금은 가격에 모두 빼지고 더해짐으로써 반영된다는 것이지요. 그러면 내가 채권을 사고 첫 번째 받는 이자와 세금은 보유한 기간에 대한 것이 됩니다.

두 번째 질문은 채권을 중간에 팔 때 시장금리가 샀을 때의 금리보다 낮아져 가격이 높아진 경우입니다. 마치 주식을 1만 원에 사고, 이후에 1만 2,000원에 팔았을 때 자본이득과 같은 개념인데, 이러한 소득에 대해서는 주식과 마찬가지로 세금을 내지 않습니다. 물론 지금 정부는 이러한 자본이득에 대해서도 세금을 부여할 것인가 여부를 고민 중입니다. 하지만 아직까지 자본이득에 대한 과세는 결정되지 않았습니다. 이러한 점은 부동산을 사고팔 경우 큰 규모의 양도소득세를 내야 하는 것과 차이가 있고, 펀드에 투자해 전체 소득에 세금을 내야 하는 것과도 차이가 있습니다. 채권형 펀드에 투자하면 이자소득세뿐 아니라 펀드매니저가 매매를 해서 얻게 된 이익에 대해서도 세금을 내야 하는데, 직접 채권에 투자하면 이자 부분에 대해서만 세금을 내면 되는 것입니다. 금리가 크게 내릴 것으로 예상되는 경우 채권형 펀드보다 직접 채권에 투자하는 것이 세금 측면에서는 더 유리하다고 볼 수 있죠.

세 번째 질문은 액면에 비해 할인된 채권을 샀을 경우입니다. 우리나라 과세 체계는 최초 발행 시에 할인되어 발행됐을 때 이를 이자로 판단하기 때문에 발행된 채권을 직접 사면 할인된 부분에 대해서도 이자소득세를 내게 됩니다. 하지만 개인투자자들은 직접 채권 입찰에 참여하는 경우가 없고 유통시장에서 사게 되므로 이에 대해 걱정할 필요가 없습니다. 유통시장에서 시장금리 변동에 의해 나타난 할인율은 이자로 보지 않기 때문입니다. 게다가 최근 발행되는 채권의 표면금리는 시장금리를 반영해 결정되는 경우가 많고, 차이가 나더라도 크지 않기 때문에 개인투자자들이 특별히 고려해야 할 이유는 없습니다.

이제 예를 들어보겠습니다. 3개월 단위로 1%의 표면금리를 갖는 3년 만기 채권을 1,000만 원어치 샀다고 생각해봅시다. 그리고 그 당시 시장금리가 1%라면 채권의 가격은 1,000만 원에 다음번 지급될 이자와 세금을 반영한 수준으로 매수하게 됩니다. 그런데 시장금리가 이보다 더 높은 상황이라면 채권가격은 다음번 지급될 이자와 세금을 반영한 수준보다도 더 낮은 수준이 됩니다. 정확한 가격은 시장금리 수준에 따라 다르겠지만, 금리가 높으면 가격은 떨어진다는 원칙이 작용한 결과지요. 그런데 이 채권을 만기까지 보유하면 나는 1,000만 원의 원금을 받게 되지요. 1,000만 원보다 훨씬 싸게 샀지만, 1,000만 원을 받게 되는 것입니다. 그런데 위의 설명에 따르면 이 소득에 대해서는 세금을 내지 않습니다. 보유 기간 동안 계속해서 1%의 표면금리를 기준으로 계산된 이자, 즉 3개월마다 나오는 2만 5,000원에 대한 세금만 내면 되는 것입니다.

마지막 질문은 금융소득종합과세와 관련된 부분입니다. 대부분 투자자가 이미 알고 계시는 바와 같이 금융소득종합과세란 이자와 배당 등 금융소득이 연 2,000만 원이 초과하면 그 초과분을 다른 소득과 합산해 누진세율을 적용하는 제도를 말합니다. 당연히 채권의 이자소득도 금융소득에 포함되기 때문에 금융소득종합과세 대상이 됩니다. 즉, 금융소득이 연간 2,000만 원을 넘지 않는 분은 15.4%의 원천징수만으로 세금 납부가 종료되므로 더 이상 신경 쓸 것이 없습니다만, 금융소득이 연간 2,000만 원을 넘는 분들은 본인의 다른 소득, 예를 들어 임대소득이나 근로소득과 합해서 자신에게 적용되는 세율(10억 원 이상의 경우 최고 45%)을 적용받게 되므로 관심을 가져야 합니다. 돈을 벌었으면 세금을 많이 내는 것이 당연하다는 견해를 가진 분들도 있지만, 투자자 입장에서 절세 전략을 세우는 것 역시 당연한 권리이기 때문입니다.

위에서 언급한 몇 가지 질문과 이에 대한 설명을 이해하셨다면, 이제 채권에 투자할 때 필요한 절세 전략을 세울 수 있습니다. 기본적으로는 다른 조건이 같다면 낮은 표면금리의 채권을 선택하는 것이 바람직하고, 금융소득종합과세를 감안해 만기에 한 번에 이자를 받는 채권보다는 중간에 이자를 나누어 지급하는 채권을 선택하는 것이 유리하다는 점을 기억할 필요가 있습니다.

하지만 투자자마다 모두 사정이 다르기 때문에 세제 이외에 다른 여건과 정보를 함께 감안한 전략을 세워야 합니다. 예를 들어 낮은 표면금리의 채권은 세금 측면에서의 유리함 때문에 비슷한 조건의 표면금리가 높은 채권에 비해 더 비싸게 거래되는 경우가 많은데, 이렇게 더 비싸게 채권을 매수하는 경우 실질적인 절세 효과는 없다고 봐야 합니다. 또한, 채권 만기에만 이자를 받는 채권은 금융소득종합과세 문제 때문에 수요가 작아 상대적으로 싸게 거래될 수 있는데, 이는 금융소득종합과세에 적용되지 않는 투자자의 경우 세후 투자수익률을 높일 기회가 됩니다.

뒤의 채권투자 전략을 설명하는 부분에서 투자수익률을 올리기 위해 금리를 전망하고, 자산을 지키기 위해 채권의 안전성을 체크하는 방법을 설명하겠지만, 이외에도 세금 제도를 감안해 내 여건에 맞는 전략을 만드는 것은 투자에 있어서 매우 중요한 일입니다.

4장

채권,
어떤 것들이 있을까?

FIXED-INCOME
INVESTMENT

채권의
다양한 분류 기준

모든 투자자산은 다양한 기준으로 분류하고 각각의 이름을 붙일 수 있습니다. 주식을 예로 들어보겠습니다. 그 주식의 현재 가치가 저평가되었는지, 고평가되었는지에 대한 평가나 이익의 안정성과 성장성 등을 기준으로 가치주와 성장주로 나눌 수 있습니다. 1주당 순이익이 높은지 낮은지를 기준으로 저PER주와 고PER주로 나눌 수도 있습니다. 그리고 업종에 따라서 에너지, 소재, 산업재, 경기 관련 소비재, 필수 소비재, 건강관리, 금융, IT, 커뮤니케이션 서비스, 유틸리티 등으로 분류하기도 합니다.

부동산도 마찬가지입니다. 지역에 따라 강남, 비강남, 수도권 등으로 나누기도 하고 건물의 형태나 기능에 따라 아파트, 오피스텔, 상가 등으로 분류하기도 합니다. 채권도 이처럼 여러 기준에 따라 분류할 수 있습니다.

채권을 분류하는 기준 중 가장 대표적인 것이 발행자가 누구인지에 따르는 방법입니다. 앞에서 이야기한 것처럼 채권은 주식과 비교할 때 발행자가 훨씬 다양합니다. 그래서 이것을 큰 묶음으로 분류합니다. 가장 크게는 공공기관이 발행한 채권과 민간기업이 발행한 채권으로 나누어볼 수 있습니다. 그리고 이 각각을 세분화합니다. 공공기관에는 정부와 중앙은행이 포함됩니다. 이외에도 공기업이나 지방자치단체가 발행한 채권도 공공기관 발행 채권에 포함됩니다. 민간기업의 경우에는 일반 회사와 금융기관으로 나눌 수 있습니다. 금융기관을 세분화하면 은행과 기타 금융기관으로 나눌 수 있습니다.

채권을 발행자에 따라 나누는 것이 가장 흔한 분류법이긴 하지만, 그 밖에도 다양한 방식의 분류가 충분히 가능합니다. 앞에서 몇 가지 채권 용어를 익혔던 것을 떠올려보시기 바랍니다. 이 용어들은 채권의 구성요소이기도 합니다. 이 각각의 구성요소에 따라 채권을 분류할 수 있습니다.

채권의 구성요소 중 하나로 '만기'가 있었죠. 이 만기, 즉 상환기간에 따라 채권을 나눌 수 있습니다. 주로 장기, 중기, 단기로 나뉩니다. 미국의 경우에 보통 1년과 10년을 기준으로 삼습니다. 1년 이하가 단기채, 10년 이상이 장기채입니다. 그 사이는 중기채이지요. 우리나라의 경우는 보통 1년과 5년을 기준으로 합니다. 만기 1년 이하이면 단기채, 5년 이상 장기채, 그 사이는 중기채입니다. 그런데 이런 분류 기준은 엄격하게 고정된 것이 아닙니다. 나라별로 상황에 따라 유연하게 분류될 수 있습니다.

또 다른 채권 구성요소를 생각해봅시다. '표면이율(표면금리)'이라는 단어를 기억하시는지요? 사전에 정해진 날 지급해야 할 이자를 계산할 때 쓰는 이자율입니다. 그런데 표면이율에 따라 정해진 이자를 지급하는 주기는 채권별로 다릅니다. 만기 때 이자를 원금과 함께 한꺼번에 주기도 하고, 6개월이나 3개월, 1개월 단위로 이자를 지급하는 채권도 있습니다. 이렇게 이자 지급 주기(현금흐름)에 따라 채권을 크게 분류하면 이자를 중간에 나눠서 주는 경우와 만기에 한꺼번에 주는 경우로 나눌 수 있습니다.

실례로 자세히 살펴보겠습니다. 3년 만기 국채의 경우 6개월에 한 번씩 이자를 지급합니다. 채권 발행 후 6개월이 지나면 1년분 이자의 절반을 주고 1년이 되는 시점에는 나머지 절반을 주는 방식입니다. 이렇게 총 3년간 모두 6회의 이자를 지급합니다. 그러면 만기일에는 6개월분 이자와 함께 원금을 돌려주게 되겠지요. 이렇듯 채권은 사전에 정한 이자 지급 주기가 있습니다. 3개월에 한 번이나 1개월에 한 번 이자를 지급하는 채권들도 있습니다. 만기일에 이자를 한꺼번에 주는 채권도 있습니다. 5년 만기 국민주택채권은 5년분 이자를 만기 때 원금과 함께 줍니다. 물론 이런 채권은 드물게 발행됩니다. 투자자가 선호하지 않기 때문입니다. 하지만 만기일에 이자를 원금과 함께 주는 방식으로 채권 발행을 하지 못하는 것은 아닙니다.

지급보증을 해주는지에 따라서 채권을 분류할 수도 있습니다. '보증'이란 채권 발행자가 원리금 상환을 하지 못하게 된 경우에 누군가가 그 의무를 대신해 수행하겠다는 약속입니다. 이때 보증자는 수수료를 받고 그 일을 합니다. 보증보험회사가 대표적입니다. 채권에 보증이 있다면 사는 사람은 당연히 더 안심할 수 있습니다. 안전장치가 하나 더 생기니까요. 하지만 최근 들어 보증채권은 거의 발행되지 않습니다. 보증이 들어간 채권은 결국 보증자의 신용으로 발행된 채권과 마찬가지여서 금리가 낮기 때문입니다. 보증 대신 지급을 위한 담보가 설정된 담보채권도 있습니다. 이것은 채권 발행자가 원리금을 갚을 수 없을 때 담보로 설정된 자산을 팔아서 갚도록 처음부터 정해진 채권입니다. 이때 담보채권을 산 사람은 담보에 대해 우선권을 갖기 때문에 안전합니다. 하지만 담보채권의 경우에도 금리가 매우 낮기에 거의 발행되지 않습니다.

지금까지 살펴본 다양한 기준에 따른 채권의 종류를 표로 간단히 정리하면 다음과 같습니다.

■ 채권의 분류

구분	종류
발행 주체	국채, 지방채, 특수채, 금융채, 회사채
현금흐름	원리금 일시 상환 채권, 현금흐름 중도 발생 채권
보증 유무	보증채, 무보증채, 담보부채권
상환 기간	단기채, 중기채, 장기채

국채,
가장 대표적인 채권

이번에는 채권의 가장 대표적인 형태인 국채에 대해 알아보겠습니다. 앞에서 왕국이 전쟁 자금 마련을 위해 발행한 것이 채권의 유래라고 말씀드렸습니다. 이렇듯 국채는 채권이 출발한 시작점입니다. 발행 목적은 조금 달라졌지만 그 나라 정부가 발행하기 때문에 지금도 국채는 한 나라 채권의 기준이 됩니다. 주로 해당 국가 통화로 발행되기 때문에 부도 위험이 없습니다. 다만, 가격이 떨어질 수는 있습니다. 물론 정부에 외화가 필요할 때 달러나 유로 등 외화로 발행하는데 이 경우에는 부도가 날 수도 있습니다. 정부가 외화를 구하지 못하면 이자와 원금을 갚을 수 없기 때문입니다. 외환위기 같은 경우 국제기구로부터 외화를 빌리는 것은 이 때문입니다. 다만, 이러한 채권 발행 규모는 크지 않습니다. 국가가 채권을 발행해 얻은 돈은 주로 국내에서 쓰이기 때문에 자국 통화로 채권을 발행하는 것이 일반적입니다.

우리나라는 1990년대 후반 이전만 해도 통합된 국채 발행이 없었습니다. 특별한 목적을 위해 정부가 발행하는 채권이 있는 정도였습니다. 예를 들어 쌀을 수매하는 자금을 마련하기 위한 '양곡기금채권'이 있었습니다. 그리고 국토 기반 건설을 위해 아파트를 분양받는 사람들에게 '국민주택채권'을 떠안기기도 했습니다. 하지만 1990년대 후반부터는 통합된 국채 발행 체계가 수립되었습니다. 기획재정부가 재정을 통합해서 관리하게 되면서 국채도 통합 발행하는 방식이 되었습니다. 현재 기획재정부가 발행하는 국채는 국고채권, 외국환평형기금채권, 재정증권, 제1종 국민주택채권의 4종류입니다.

우리나라의 국채는 다양한 만기로 발행됩니다. 과거에는 3년 만기 채권을 주로 발행했습니다만, 지금은 2년, 5년, 10년, 20년, 30년, 길게는 50년 만기 채권도 발행하고 있습니다. 이렇게 만기가 다양해진 이유는 무엇일까요? 국채 수요자가 원해서이기도 하겠지만, 정부 자금 관리를 안전하고 효과적으로 하기 위한 게 더 큰 목적입니다. 한꺼번에 상환이 몰리지 않도록 정부가 자기 부채를 만기별로 나누어놓은 것입니다.

그런데 만기가 긴 채권의 경우, 물가 등 경제 흐름에 따라 돈의 가치가 달라지는 것에 대해 두려움을 느낄 수 있습니다. 예를 들어 큰 폭의 인플레이션으로 돈의 가치가 떨어지면 만기 때 받는 원금의 가치는 채권을 살 때보다 훨씬 낮아지기 때문입니다. 물론 그 반대의 경우도 있습니다만 현실적으로 드물죠. 이런 현상에 대비하기 위해 국채 중에는 특별한 형태가 있습니다. 소비자물가 오를 때 지급되는 이자도 같이 올라가는 '물가연동채권'이 그것입니다. 이 채권은 물가가 오를 때는 비싸지고 내릴 때는 싸집니다. 물가연동채권은 주로 10년 만기로 발행됩니다.

국채는 정해진 기간마다 주기적으로 이자를 지급하고, 만기에 마지막 이자와 원금을 지급하는 방식입니다. 이런 채권을 '이표채'라고 부릅니다. 국채의 이자 지급 주기는 6개월입니다.

2023년 5월 말 기준 우리나라 국채의 종목 수는 164개, 잔액은 약 1,091조 원입니다.

국채를 발행하고 원리금을 지급하는 주체가 정부입니다. 그래서 가장 안전한 채권으로 분류됩니다. 원리금을 상환할 돈이 없으면 찍어서 주면 됩니다. 국채 중에서 문제가 발생할 수 있는 종류는 외화로 발행된 국채입니다. 정부에 외화가 부족할 경우는 있습니다. 예를 들면 달러 표시 브라질 국채는 금리가 매우 높습니다. 브라질이 자칫 잘못하다가 달러를 구하지 못하면 원리금 상환을 못 해줄 수도 있기 때문입니다. 하지만 브라질 헤알화 채권은 부도가 나지 않습니다. 헤알화를 발행해서 갚으면 되니까요. 따라서 국채의 부도는 외화로 발행된 채권의 부도를 의미합니다. 국내에서 발행된 채권 중에서는 원화 국채가 가장 높은 신용도를 갖습니다.

그런데 국채는 위험이 낮으니 표면이율(표면금리)도 낮을 수밖에 없습니다. 투자자 입장에서는 투자 수익성이 좋지 않다는 뜻입니다. 그래서 기관투자자들이나 고액 자산가들이 수익에 크게 신경 쓰지 않으면서 극도로 안정적인 투자를 할 때 국채를 삽니다. 일반 개인투자자들에게는 적합하다고 보기 어렵습니다.

그렇지만 독자 여러분께서는 국채와 그 동향에 관심을 가지는 게 좋습니다. 국채는 가장 많이 거래되는 채권인 데다 국채금리는 그 나라 전체 채권시장의 대표 금리가 되기 때문입니다. 즉, 다른 채권의 금리도 국채금리에 연동해서 움직이는 경우가 대부분이고, 기관투자자들은 어떤 채권금리를 표현할 때 같은 만기의 국채금리 대비 차이로 일컫는 경우가 많습니다. 이 차이를 '신용 스프레드'라고 부릅니다. 국채보다 위험한 정도가 이 금리 차이로 가격화된 것이죠.

한국은행의
통안증권

엄격히 따져 국채는 아니지만, 국채와 비슷한 성격을 갖는 채권이 있습니다. 한국은행이 발행하는 통안증권(통화안정증권, 통안채)이 그것입니다. 한국은행은 특수법인으로 정부 소속이 아닌 독립기구이지만, 실질적으로는 국가기관입니다. 이런 한국은행이 정부와 별도로 채권을 발행하는 이유는 무엇일까요? 국채와는 목적과 성격이 다른 채권을 발행해야 하기 때문입니다.

국채는 정부가 재원을 마련하는 한 방식입니다. 국가를 운영하는 데 필요한 자금을 마련하는 게 국채의 목적입니다. 그런데 한국은행은 이러한 돈을 마련하기 위해 채권을 발행하는 건 아닙니다. 자금이 필요하지 않은데 채권을 발행한다고 하니, 선뜻 이해가 되지 않을 것입니다. 하지만 한국은행의 설립과 운영 목적을 생각하면 쉽습니다.

한국은행은 통화량과 물가를 조절하기 위해 통안증권을 발행합니다. 한국은행은 시중에 돈이 많이 풀렸다고 판단하면, 즉 경기가 호황일 때 통안증권을 발행함으로써 시중 통화량을 회수합니다. 그러면 경기 과열에 따른 물가 급등을 방지할 수 있습니다. 반대로 경기가 불황이고 통화량이 부족하면 발행했던 통안증권을 회수함으로써 시중에 유동성을 공급합니다. 즉, 통안증권은 통화량 조절에 목적을 둔 채권입니다.

통안증권은 28일, 91일, 182일, 364일, 1년, 2년 만기 등이 있습니다. 2023년 5월 말 기준으로 종목 수는 35개이며 잔액은 약 157조 원입니다. 입찰을 통해 통안증권을 살 수 있는데, 매주 말 주간 입찰 계획을 발표합니다.

그런데 미국에는 통안증권이라는 개념이 없습니다. 미국 중앙은행은 통화량 조절을 위해 별도의 채권을 발행하지 않습니다. 그 대신 국채를 사거나 파는 방식을 사용합니다. 그런데 앞에서 1990년대 후반까지 우리나라 정부가 통합된 국채 발행을 하지 않았다고 말씀드렸습니다. 한국은행이 통안증권을 발행했던 것은 그 이유가 큽니다. 안정적으로 시중 유동성을 조절할 만한 국채가 없었기 때문이죠. 그래서 국채 발행량이 커진 지금은 통안증권을 국채와 통합하자는 주장도 심심

찮게 등장합니다.

한국은행은 정부 소속은 아니지만, 국가의 중요 기관입니다. 채권 원리금을 상환하지 못할 위험은 없습니다. 돈을 찍어서 갚으면 되기 때문입니다. 그래서 국채와 비슷하게 금리가 낮습니다. 개인투자자에게는 매력적인 투자 수단은 아닙니다. 하지만 그 개념과 운영 원리에 대해서는 이해하고 있는 게 투자 안목을 기르는 데 도움이 될 것입니다. 중앙은행의 정책 기조는 금리에 결정적 영향을 미치기 때문입니다.

개인투자자에게
매력적인 채권 3인방

앞에서 국채와 통안채를 이야기할 때 답답함을 느꼈던 독자도 계셨을 겁니다. 안전하긴 하지만 금리가 낮아서 개인투자자에게 매력적이지 않다는 설명을 들으며 '실제로 도움이 되는 정보는 언제 나오나?' 생각하셨을지도 모르겠습니다.

이제는 개인투자자들이 관심을 가질 만한 채권 3인방을 소개하겠습니다. 공사채, 금융채, 회사채입니다.

공사채

'공사(公社)'라고 불리는 특별한 기관이 있습니다. 흔히 공기업이라고 합니다. 기업의 형태로 운영되는 정부 기관이라고 생각하시면 됩니다. 민주적이면서도 효율적으로 국가 업무를 하려고 하는데, 정부 기관은 관료주의에 빠지기 쉽고 사기업은 이익을 최우선으로 삼아 공익을 외면하는 폐단이 있습니다. 그래서 민주성과 능률성이라는 목표를 동시에 추구하는 조직을 설립했습니다. 운영의 독창성과 자주성을 살리고 공공성과 기업성을 조화시키고자 특별법에 의해 만들어진 것이 공사입니다. 대표적으로 한국수자원공사, 한국도로공사, 한국주택금융공사 등이 있습니다.

이러한 공사가 발행한 채권을 공사채라고 합니다. 공사채는 국채보다는 금리가 조금 높습니다. 하지만 공사 설립 특별법에는 해당 공사에 손실이 발생했을 때 정부가 이것을 보전하는 항목이 있는 경우가 대부분입니다. 따라서 공사는 사실상 부도 위험이 매우 낮다고 할 수 있습니다. 안전성을 중시하는 투자자 중 국채보다 조금 더 높은 금리를 원하는 사람은 공사채 투자를 하면 효과적입니다.

금융채

금융기관이 발행한 채권을 금융채라고 합니다. 우리가 묶어서 '금융기관'이라고 부르는 곳은 그 형태와 규모가 매우 다양합니다. 우선 은행이 있고 은행이 아닌 곳이 있습니다. 채권도 은행이 발행하면 은행채, 은행이 아닌 금융기관이 발행하면 비은행 금융채로 나뉩니다. 은행 중에서도 공공기관의 성격을 갖는 곳이 있습니다. 산업은행, 중소기업은행, 수출입은행 등이 이런 곳입니다. 그리고 우리가 흔히 거래하는 시중은행이 있습니다.

은행이 아닌 금융기관으로는 카드사, 캐피털사 등이 있습니다. 카드사와 캐피탈사는 고객의 예금을 받는 수신 기능이 없는 여신 전문 업체입니다. 이들은 채권이나 어음 발행을 통해서만 자금을 조달할 수 있습니다.

이렇듯 다양한 금융기관이 존재하기에 이들이 발행하는 금융채도 매우 다양합니다. 위험도와 금리가 천차만별입니다. 이것은 금융채를 사고파는 투자자에게 선택의 기회를 제공합니다. 자신이 추구하는 안정성과 금리 조건에 따라 금융채 내에서 적절한 채권을 찾을 수 있습니다.

회사채

　회사채는 말 그대로 일반 기업이 발행하는 채권입니다. 기업들은 신규 투자나 안정적 운영을 위해 자금 조달의 필요를 느낍니다. 이때 은행에서 대출을 받거나 주식을 발행하는 등의 선택을 할 수 있습니다. 그런데 은행에서 원하는 금액만큼의 대출을 못 받을 수도 있으며, 대출 조건이 나쁠 수도 있습니다. 신규 주식을 발행하는 절차도 까다로우며 경영권 약화와 같은 부작용을 불러올 수도 있습니다. 이런 경우 회사채 발행이 하나의 선택이 됩니다.

　기업은 규모, 수익, 성장성 등에서 천차만별입니다. 회사채 역시 마찬가지입니다. 크고 우량한 회사가 발행한 채권일수록 안전한 대신 금리가 낮고, 다소 작고 신용도가 떨어지는 회사의 채권은 조금 덜 안전한 대신 금리가 높습니다. 이러한 위험은 채권이 발행될 때 신용평가회사가 부여한 등급으로 확인할 수 있습니다. 물론 공사채와 금융채에도 이와 마찬가지의 등급이 부여되어 투자에 도움을 줍니다.

　국채를 제외한 대부분 채권은 발행 당시와 달리 위험이 커질 수도, 작아질 수도 있습니다. 특히 회사채는 더 그렇습니다. 하지만 이렇듯 다양한 회사채는 투자자 선택의 폭을 넓힙니다. 자신이 감수할 수 있는 위험도와 추구하는 금리 조건을 기준으로 적절한 회사채를 찾아 투자하면 효과적입니다.

회사채의
다양한 종류

회사채는 매우 다양한 조건으로 존재합니다. 발행하는 기업의 신용도, 발행의 크기가 되는 기초자산과 조건이 각양각색이기 때문입니다. 기본적으로는 발행하는 기업의 신용등급별로 종류가 나뉘지만, 여러 가지 조건이 부여되면서 다양한 투자 기회를 제공해주고 있습니다.

예를 들어 증권회사가 발행하는 ELS나 DLS는 특수한 형태의 회사채라고 할 수 있습니다. ELS(Equity Linked Securities, 주가연계증권)는 특정 주식, 주가지수 등에 연동하여 만기와 이자 조건이 달라지는 채권입니다. DLS(Derivatives Linked Securities, 파생결합증권)는 주가 이외의 금리, 환율, 실물자산 등의 가격에 따라 만기와 이자 조건이 달라지는 채권입니다. 증권사의 회사채는 발행하는 증권사의 신용도에 따라 이자가 정해지는 게 일반적이지만, 특정한 조건이 충족되면 더 높은 금리를 주도록 설계되어 있습니다.

그런데 이러한 채권은 일반적인 채권과 다릅니다. 기초자산 가격이 크게 움직일 때는 이자를 받지 못하거나 원금도 받지 못할 가능성이 있습니다. 따라서 투자에 있어서 매우 주의를 기울여야 합니다.

한편, 주식과 채권의 중간 성격을 갖는 채권도 있습니다. 전환사채(Convertible Bond, CB)나 신주인수권부사채(Bond with Warrant, BW) 등이 이러한 채권입니다. 전환사채는 특정한 조건에서 주식으로 전환할 수 있는 채권을 말하며, 신주인수권부사채는 특정한 조건에서 회사가 발행하는 신주를 받을 수 있는 채권을 지칭합니다. 주로 좋은 신용등급을 받기 어려운 작은 기업들이 요건이 충족되면 주식으로 전환되거나 신주를 받을 수 있는 형태의 채권을 발행하여 자금 조달을 촉진합니다. 투자자는 주가가 특정 금액 이상일 때 주식으로 전환하거나 신주를 받아서 팔 수 있으며 만약 주가가 오르지 않으면 채권의 형태로 보유할 수도 있습니다. 투자자는 일종의 선택권을 갖게 되는 것이지요. 그런데 이런 채권을 발행하는 기업은 일반적으로 신용등급이 낮습니다. 또한, 주식을 준다는 점을 강조하면서 표면이율을 낮게 발행하는 경우가 많습니다. 따라서 투자자들이 개별 종목별로 잘 선별해서 투자할 필요가 있습니다.

최근에는 금융기관들이 신종자본증권(Hybrid Bond, HB)을 발행하고 있습니다. 금융회사들은 법적으로 특정 수준 이상의 자기자본비율을 유지해야 할 의무가 있습니다. 이 기준을 충족시키기 위해 금융기관들은 증자하거나 자본으로 인정받는 채권을 발행하기도 합니다. 자본으로 인정받는 채권은 만기가 길어야 합니다. 그래서 신종자본증권은 10년 또는 그 이상의 만기로 발행됩니다. 만약 금융기관이 파산한다면 신종자본증권의 상환 우선순위는 일반적 채권보다는 후순위입니다. 그런데 채권이 자본으로 인정받지 못하는 시기가 되면 금융기관이 채권을 되사가는 데다 업의 특성상 부채비율이 높을 수밖에 없는 금융기관의 일반 채권과 신종자본증권의 상환 우선순위 차이는 사실상 큰 의미가 없습니다. 특히 우량한 금융기관은 더욱 그렇습니다.

요즘 개인투자자들의 관심이 신종자본증권으로 향하고 있는 것은 이 때문입니다. 특히 금리가 높다는 점이 매력적입니다.

알아두면 좋을
단기금융상품

채권 중에는 개인투자가가 직접 거래하는 경우는 드물지만, 알아두면 좋은 금융상품이 있습니다. 양도성정기예금증서, 기업어음, 표지어음, 환매조건부채권, 콜 등이 대표적입니다. 단기금융상품이라 금리가 낮습니다. 또한, 금융기관끼리 거래하기 때문에 개인들은 대체로 매수하기가 어렵다는 특징이 있습니다.

양도성정기예금증서(Certificate of Deposit)는 흔히 'CD'라고 줄여서 부릅니다. 은행의 정기예금을 사고팔 수 있도록 양도성을 부여한 증권입니다. 쉽게 말해 일반 정기예금과 비슷한데 차이점은 매매가 가능하다는 것입니다.

'CP'라고 하는 **기업어음**(Commercial Paper)은 기업이 발행하는 1년 이내 만기의 어음입니다. 신용 상태가 양호하여 적격업체로 선정된 기업이 자금 마련을 위해 만기 1년 이내의 어음을 발행하면 금융회사가 이를 할인 매입하여 투자자에게 다시 판매합니다. 시장금리를 반영한 다소 높은 확정금리가 적용됩니다. 통상 특판예금이나 특정금전신탁의 형태로 투자자에게 판매됩니다.

표지어음(Cover Bill)은 금융기관이 기업이 발행한 어음을 할인해 사들인 뒤 이 어음을 근거로 은행을 지급인으로 하는 자체 어음을 발행해 투자자에게 판매하는 것입니다. 기업이 발행하는 상업어음과 무역어음은 매우 다양하여 재판매하기 어렵습니다. 그래서 금융기관이 일종의 표준화된 어음을 다시 발행하여 판매하기 좋게 만듭니다. 금리가 높은 편입니다. 표지어음이란 말은 몇 가지 어음을 엮어서 대표적인 어음(표지)을 새로 만든다는 뜻을 가지고 있습니다. 과거에는 종합금융사가 발행했었는데, 지금은 대형 증권사가 발행하고 있습니다.

환매조건부채권(Repurchase Agreement)은 'RP', '환매채' 등으로 줄여 부르기도 합니다. 금융기관이 일정 기간 후에 다시 사는 조건으로 채권을 팔고 경과 기간에 따라 소정의 이자를 붙여 되사는 채권입니다. 채권의 약점인 환금성을 보완하기 위한 금융상품입니다. 투자자는 채권을 잠시 보유하는 대가로 이자를 받으며 정해진 기간이 되면 원래 보유했던 기관이 다시 사갑니다. 보통 채권을 보유한 기관이 단기로 자금을 조달할 때 사용합니다.

콜(Call Loan, Call Money)은 금융기관들이 일시적인 자금 부족이나 과잉을 해소하는 방식입니다. 일시적인 여유자금을 운용하는 것을 '콜론(call loan)', 일시적인 자금 부족으로 차입하는 것을 '콜머니(call money)'라고 합니다. 주로 1~2일짜리 초단기 거래가 이루어집니다. 이름처럼 '부르면 대답한다'는 극히 단기로 회수하는 거래입니다. 콜거래에서 적용되는 이율을 콜금리라고 부릅니다. 이는 금융시장의 단기 유동성에 민감하게 반응합니다. 일반적으로 콜금리의 변동은 여타 단기금리 변동과 장기금리에까지 영향을 미칩니다.

이러한 단기금융상품에 대해 알고 있으면, 개인이 이 상품들을 직접 거래하지 않더라도 내가 돈을 맡긴 금융기관이 단기 유동성을 어떻게 관리하는지 파악할 수 있습니다. 즉, 경제가 돌아가는 판을 읽는 통찰력이 생깁니다. 그러므로 언론에 이런 용어들이 등장하면 주의를 두고 지켜보시기 바랍니다.

국채선물시장

앞에서 채권선물에 대해 대략 알아보았습니다. 여기에서 한 번 더 짚고 넘어가겠습니다.

주식시장에는 선물 거래라는 게 있습니다. 미래의 일정한 시점에 주식을 넘겨준다는 조건으로 현재 시점에서 가격을 정해 매매 계약을 체결하는 것입니다. 선물 거래는 사는 사람과 파는 사람이 서로 위험을 헤지하거나 적은 돈으로 이익을 극대화하려는 목적으로 이루어집니다. 파는 사람은 미래에 가격이 폭락할 위험에 대비하고 사는 사람은 미래에 가격이 폭등할 걱정을 하지 않아도 됩니다. 또한, 낮은 증거금으로 투자를 해 큰 수익을 올릴 기회를 잡을 수도 있습니다.

국채시장에도 이러한 선물 거래가 존재합니다. 3년, 5년, 10년의 국채선물시장이 있습니다. 3년 만기 국채선물은 국채 3종목(3년물 2종목과 5년물 1종목)을 바스켓으로 구성합니다. 유동성과 투명성이 높은 상품으로 헤지와 투기를 위한 수요 모두가 있습니다. 5년 만기 국채선물과 10년 만기 국채선물은 모두 국채 2종목을 바스켓으로 구성하는데, 시장이 장기화되면서 점차 활발하게 거래되고 있습니다.

■ 한국거래소 국채선물 개요

구분	3년 국채선물	5년 국채선물	10년 국채선물
상품 명칭	KTB3	KTB5	KTB10
기초자산(표준율)	3년 만기, 표면금리 5%	5년 만기, 표면금리 5%	10년 만기, 표면금리 5%
거래 단위	액면 1억 원		
상장 결제월	분기월 2개(최장 6개월)		
호가 가격 단위	0.01p		
최종 거래일	결제월의 세 번째 화요일(공휴일의 경우 순차적으로 앞당김)		
최종 결제일	최종 거래일의 다음 거래일		
가격 제한 비율	±1.5%	±1.8%	±2.7%
미결제 약정 수량 제한	없음		
최종 결제 방법	현금 결제		
최종 결제 가격	최종 거래일의 현물가격		
스프레드 종목	1종목(최근 월 종목 + 원 월 종목)		
최종 결제 금액	(최종 결제 가격 - 정산 가격) × 100만 × 계약 수		

앞에 나왔던 [한국거래소 국채선물 개요] 표를 한 번 더 살펴보시기 바랍니다. 표에서 보다시피 작은 증거금을 내고 선물 거래를 할 수 있는데, 선물을 매도함으로써 주가가 떨어질 때 이익을 얻을 수 있습니다. 이러한 원리는 채권시장에서도 마찬가지로 작동합니다. 국채선물을 매도하면 금리가 오를 때, 즉 채권가격이 떨어질 때 이익을 얻을 수 있습니다. 이를 통해 채권시장에서도 헤지(위험 분산)가 가능해집니다.

이러한 국채선물시장에는 개인투자자들도 들어와 있습니다. 그런데 국채선물시장에 참여하려면 일반 채권투자보다는 더 큰 전문성이 필요합니다. 투자 수익과 손실의 변동성이 더 크고 여러 제도를 익혀야 하기 때문입니다. 그럼에도 채권투자자 중에서 적극적인 매매를 원하는 분들은 국채선물시장에 대해 공부하면 효과적일 것입니다.

채권가격
예측하기

FIXED—INCOME
INVESTMENT

시장금리를 전망하면
채권투자가 쉬워진다

시장금리는 주가지수, 환율 등과 함께 금융시장의 움직임을 파악하는 데, 그리고 미래 경제 상황에 대한 각 주체의 평균적인 기대를 판단하는 데 매우 중요한 요소가 됩니다. 특히 채권투자자 입장에서는 시장금리가 매우 중요합니다. 시장금리 그 자체가 채권의 가격을 의미하기 때문입니다. 앞에서 채권가격을 산출하는 공식을 배운 것을 떠올려봅시다. 복잡해서 기억이 잘 나지 않나요? 괜찮습니다. 중요 개념만 되짚겠습니다. 채권가격은 표면이율과 만기, 시장금리에 영향을 받습니다. 그런데 표면이율과 만기는 이미 정해져 있습니다. 시장금리만 시장에서 결정되며 시시각각 변화합니다. 따라서 채권가격을 변동시키는 유일한 요소는 시장금리라고 할 수 있습니다. 구체적인 공식은 잊었더라도 채권가격 변동의 핵심은 기억하셔야 합니다. 다시 말씀드리겠습니다.

"시장금리가 변하면 채권가격이 변한다. '반대 방향'으로!"

채권가격은 시장금리와 반대 방향으로 움직입니다. 시장금리가 오르면 채권가격이 내려가고, 시장금리가 내리면 채권가격이 오릅니다. 이것은 절대 잊으시면 안 됩니다.

모든 자산투자가 그렇듯 가격을 전망하는 것은 최적의 투자 의사결정을 하기 위해서입니다. 채권가격 변동에는 시장금리가 결정적인 역할을 하기에 시장금리 전망을 해야 채권을 사고파는 최적의 타이밍을 찾을 수 있습니다. 시장금리가 어떻게 변할지 알면 채권을 사야 할 시점과 팔아야 할 시점을 찾아낼 수 있습니다.

물론 자산가격을 전망할 때 100%의 예측력을 발휘하는 것은 불가능합니다. 사실 장기적으로 보면 방향성과 수준에서 60% 정도의 예측 정확성만 보여도 대성공이라 할 수 있습니다. 우리가 채권가격 결정 원리를 이해하는 것은 이러한 승률을 조금씩이라도 높이는 데 도움을 받고자 함입니다. 그런 측면에서 시장금리 변화에 민감할 필요가 있습니다.

금리는
어떻게 움직이나?

경제 현상은 사회의 거의 모든 요소가 맞물려 돌아간 결과로 나타납니다. 시장금리도 마찬가지입니다. 세상의 모든 것을 반영한다고 볼 수 있습니다. 하지만 이렇게만 이야기하면 금리를 전망하는 것 자체가 불가능하겠죠. 따라서 예측할 수 있는 부분에 집중하는 게 중요합니다. 시장금리는 어떻게 이루어졌는지, 각각의 요소들은 무엇에 영향을 받는지를 중심으로 살펴볼 수 있습니다.

금리는 돈이나 예금 따위를 일정한 기간 빌리는 대가로 지불하는 화폐의 원금 대비 비율을 말합니다. 금리 계산은 간단합니다. 이자를 원금으로 나누면 됩니다. 100만 원을 1년간 빌리면서 5만 원의 이자를 준다면, '5÷100=0.05'이니, 0.05(5%)가 금리입니다. 그런데 이 금리에는 인플레이션 기대가 반영되고 있습니다. 돈을 빌리는 동안 화폐 가치가 달라질 수 있기 때문입니다. 화폐 가치가 낮아지면 돈을 돌려받을 때 더 적은 돈을 받는 셈이며, 화폐 가치가 높아지면 돈을 돌려받을 때 더 많은 돈을 받는 것과 마찬가지 결과지요.

여기에 대해서는 경제학자 어빙 피셔가 '명목(名目, nominal)금리'와 '실질(實質, real)금리'라는 개념으로 잘 설명하고 있습니다. 명목금리는 실질금리와 기대인플레이션율의 합계로 결정된다는 것입니다. 여기서 인플레이션은 미리 정해진 것이 아닌 미래의 인플레이션이므로 예측하는 수준, 즉 기대인플레이션을 사용합니다.

피셔 방정식

명목금리 = 실질금리 + 기대인플레이션

우리가 돈을 빌려주고 받는 금리가 6%(명목금리)인데 기대인플레이션이 2%라면 실질금리는 4%라는 것입니다.

피셔 방정식을 통해 채권가격을 계산하는 금리인 명목금리는 개념적으로 실질금리와 기대인플레이션의 합으로 이뤄져 있다는 점을 알 수 있습니다. 이것은 현대 경제학의 시작과 함께 제시된 개념임입니다. 누군가에게 돈을 빌려줄 때는 앞으로 물가가 얼마나 오를 것인지를 고려해야 합니다. 물가가 오르는 만큼 보상받지 못하면 돈을 빌려줄 이유가 없습니다. 그런데 이런 보상은 최소치입니다. 돈을 빌려줄 때는 그 이상의 보상을 받고 싶어 합니다. 내가 돈을 쓰지 못하는 기간의 기회비용에 대한 보상을 받아야 돈을 빌려줄 의지가 생기겠죠.

따라서 금리의 핵심 구성요소는 '기대인플레이션'과 '기회비용에 대한 보상(실질금리)' 이 두 가지가 됩니다. 이 둘은 모두 경제적 상황에 따라 달라집니다.

실질금리는
기회비용에 대한 보상

앞에서 금리는 '기대인플레이션'과 '기회비용에 대한 보상'으로 이루어졌다고 말씀드렸습니다. 먼저 기회비용에 대한 보상에 대해 살펴보겠습니다. 기회비용에 대한 보상은 실질금리입니다.

돈을 빌려주는 사람 관점에서 생각해보겠습니다. 이 사람은 자신이 가진 돈을 남에게 빌려줄 수도 있지만, 자신이 직접 사용할 수도 있습니다. 예를 들어 A가 열심히 일하고 저축해서 1억 원을 모았다고 합시다. A는 1억 원으로 채권을 살 수도 있지만, 자신의 가게를 차리는 데 쓸 수도 있습니다.

A가 가게를 차려서 벌 수 있는 순이익이 1년에 1,000만 원이라고 가

정해봅시다. 순이익은 임대료, 원재료비, 자신과 종업원의 인건비 등을 모두 뺀 것입니다. A는 1억 원으로 10%의 수익률을 올린 셈입니다.

그런데 시장금리가 A가 만들어낼 수 있는 수익률인 10%에 크게 미치지 못하는 수준이라면 어떨까요? 가령 5% 미만이라고 해봅시다. A는 돈을 빌려주는 것보다 자신이 직접 사업을 하는 게 더 유리한 선택이라고 생각할 것입니다. A는 5% 미만의 금리를 받아들이기 쉽지 않을 것입니다. 그는 더 많은 이자를 주는 곳을 찾으려 할 것입니다.

돈을 빌리는 쪽은 A와 정반대입니다. 예를 들어 돈을 빌려서 사업을 하려는 B가 있습니다. B도 연 10%의 수익률을 올릴 수 있습니다. 금리가 5%라면 금리를 치르고도 5%를 남길 수 있습니다. B에게는 5%의 금리가 환영할 만한 것입니다. 그런데 금리가 6%라면 어떨까요? 6% 금리로 빌려도 남는 게 있으므로 더 높은 시장금리를 받아들일 수 있습니다. 하지만 그 이상으로 올라갈수록 결정이 어려워질 겁니다. 사업은 위험도 존재하기 때문이지요.

결국 여윳돈이 있을 때 이것을 남에게 빌려줄지, 자신이 직접 운용할지에 대한 의사결정은 경제가 앞으로 어떻게 될지에 대한 예상에 따라 달라질 것입니다. 경제가 좋아진다고 예상되면 직접 사업을 해서 얻는 이익이 더 커질 것이라고 기대하기 때문입니다. 따라서 기회비용에 대한 보상인 실질금리는 경제가 좋아지면 높아지고 경제가 나빠지면 하락하는 경향을 보입니다.

■ 경기 사이클에 따라서 움직이는 실질금리

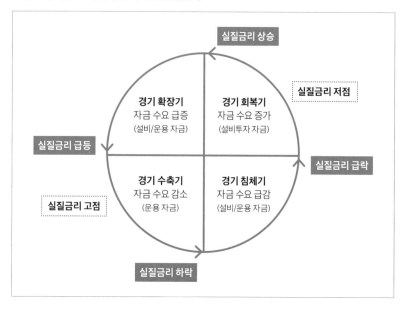

실제 실질금리는 경기 사이클과 함께 상승과 하락을 반복합니다.

위 그림에서 가운데 원이 경기 사이클을 의미합니다. 오른쪽 위부터 회복, 확장, 수축, 침체기로 회전합니다. 이 각각의 경우 실질금리가 어떤 방향의 압력을 받는지를 사각형 안에 표시했습니다. 그런데 점선으로 된 사각형을 보면 저점과 고점이 각각 경기의 고점, 저점보다 먼저 기록됨을 알 수 있습니다. 이것은 채권시장도 주식시장처럼 실제 상황을 사전에 반영하기 때문입니다. 그 시차는 경기 사이클마다 다르지만, 선행성은 분명히 나타납니다.

기대인플레이션은
금리에 어떤 영향을 미칠까?

금리에 영향을 주는 또 다른 핵심 요소인 기대인플레이션에 관해 이야기하겠습니다. 기대인플레이션은 돈을 빌려주는 사람이 최소한 보장받아야 할 부분입니다. 손해는 보지 않아야 하니까요. 돈을 빌려주었다가 돌려받는 사이에 화폐 가치가 떨어진다면 손해를 보는 것과 마찬가지입니다. 즉, 빌려준 돈보다 더 적은 돈을 받는 셈입니다.

예를 들어 내가 현재 100만 원을 가지고 있고, 이 돈으로 A라는 책상을 살 수 있다고 해봅시다. 그런데 이 돈을 현금으로 가지고 있고 이후 1년간 10%의 물가 상승이 일어난다면 나는 1년 후에는 A 책상을 살 수 없습니다. 책상 가격이 110만 원이 되기 때문입니다. 돈을 빌려

줬다가 받는 경우도 마찬가지 결과이겠지요.

따라서 내가 돈을 빌려줄 때는 최소한 물가가 오르는 만큼, 앞의 경우 10만 원의 이자를 보상받고 싶을 것입니다. 그래야 내가 지금 책상을 사지 않고 돈을 빌려준 행동이 정당화될 수 있습니다.

그런데 이러한 기대인플레이션은 경기가 좋아진다고 예상될 때 오르고 경기가 나빠질 것으로 예상될 때 내려갑니다. 실질금리와 마찬가지죠. 일반적으로 경기와 물가는 같은 방향으로 움직이기 때문입니다. 따라서 경제가 좋으면 금리가 올라가고 기대인플레이션도 함께 상승합니다. 이것은 금리에 큰 영향을 끼칩니다.

그런데 여기서 주의할 점이 한 가지 있습니다. 채권은 매매가 가능한 유가증권이라는 속성을 고려해야 합니다. 유가증권에는 '자본이득'이 존재합니다. 현재 명목금리가 기대인플레이션보다 낮은 경우에도 채권을 사는 사람이 있습니다. 앞으로 금리가 내려 채권투자의 자본이득이 발생할 것이라고 믿는 사람들은 채권을 살 수 있습니다.

지금은 거의 사라졌지만, 지난 몇 년간 유럽과 일본에서는 마이너스 금리로 거래되는 채권이 발생했습니다. 상식적으로 이해하기 어렵지요. 마이너스 금리 채권을 산다는 것은 채권을 보유하면서 오히려 이자를 내야 한다는 것이니까요. 그런데 자본이득이 이 부분을 상쇄하리라는 기대를 가진 투자자가 있었고, 이 기대가 마이너스 명목금리를 유지하는 힘이 되었습니다. 다만, 마이너스 금리 상태에서도 경기 사

■ 경기 사이클에 따른 실질금리, 기대인플레이션, 명목금리의 움직임

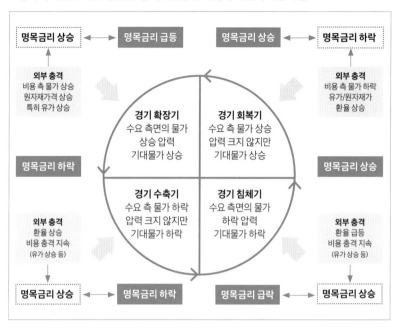

이클에 따른 금리 움직임은 똑같이 나타난다는 점은 꼭 주의해야 합니다.

위의 그림은 실질금리와 기대인플레이션을 모두 포함해 경기 사이클에 따른 금리의 흐름을 표시한 것입니다. 경기가 확장할 때 명목금리가 오르고 수축할 때 내린다는 점을 확연히 알 수 있습니다.

금리에 영향을 끼치는
통화·재정정책

명목금리는 기대인플레이션과 기회비용에 대한 보상(실질금리)의 합으로 이루어지며, 이 두 요소는 경기 사이클에 영향을 받는다는 점을 앞에서 확인했습니다. 이것이 금리가 움직이는 기본 원리입니다. 그런데 금리를 볼 때 경기 흐름과 함께 중요하게 고려해야 하는 또 다른 부분이 있습니다. 바로 정부의 정책입니다. 정부는 통화·재정정책을 통해 경기 사이클의 진폭을 안정시키려 합니다. 그래서 경기 사이클에 따른 금리 변동에 영향을 미치곤 합니다.

그런데 정부와 중앙은행의 목표는 경기를 늘 좋게만 유지하는 게 아닙니다. 경기가 무조건 좋을 순 없습니다. 여러 요인으로 인해 상승과 하락의 사이클을 가질 수밖에 없습니다. 지나치게 상승하거나 하락하면 버블과 침체 같은 부작용이 뒤따릅니다. 그래서 경기가 확장되거나 침체할 때 그 경향성을 억제하여 안정성을 유지하도록 하는 것입니다.

그런데 이러한 이유로 통화정책은 때때로 단기금리의 진폭을 더 크게 만드는 성격을 갖습니다. 단기금리가 오를 때 더 오르게 하고, 단기금리가 내릴 때 더 크게 내리게 하는 일이 나타납니다. 경기가 확장하여 과열로 이어질 때, 중앙은행은 과열을 막기 위해 금리를 크게 올려 대응합니다. 이와는 반대로 경기 침체가 심할 경우에는 금리를 크게 내리는 방식으로 대응합니다. 그러면 단기금리도 크게 오르내리는 현상이 나타납니다. 그래서 통화정책은 경기 사이클에 따른 금리 변동 폭을 조금 더 키우는 역할을 하는 것이 일반적입니다.

한편, 재정정책의 금리 효과는 통화정책과는 반대 방향의 영향을 끼치는 경우가 많습니다. 주로 수급적인 요인 때문입니다. 경기가 좋을 때는 세금이 많이 걷히기에 국채 발행을 줄이는 반면, 경기가 나쁠 때는 세수가 줄어드는 환경에서 재정정책을 쓰기 위해 국채 발행을 늘리기 때문입니다. 재정정책은 경기 사이클에 따른 금리 변동과 반대 방향으로 진행하는 경우가 많다고 보시면 됩니다.

정부의 통화·재정정책에 따라 시장금리는 크게 영향을 받습니다. 그런데 여기서 중요한 점이 한 가지 있습니다. 실제 정책만큼이나 '정책에 대한 기대'가 영향을 미친다는 것입니다. 예를 들어 통화정책의 경우 앞으로 긴축을 하겠다는 발언만으로도 시장금리에 영향을 줄 수 있습니다. 따라서 실제 정책 수행과 함께 시장에서 형성된 정책 기대를 주의 깊게 살펴볼 필요가 있습니다.

다음 그림은 통화정책이 경기 사이클과 같은 방향으로 움직이며 상승이나 하락폭을 더 크게 만드는 역할을 함을 보여줍니다. 즉, 경기 확장 때는 금리 상승 방향으로, 수축 때는 하락 방향으로 영향을 미칩니다. 실제 정책에 대한 기대가 정책 실제 효과만큼의 영향을 미친다는 점에 유의하세요. 채권투자 시 그 기대를 읽어야 하기 때문입니다.

■ 경기 사이클에 연동하는 통화정책

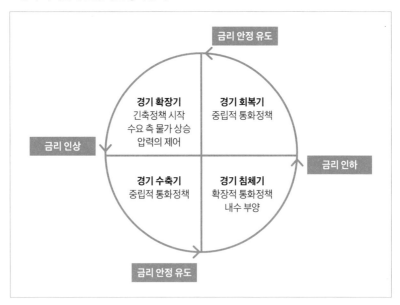

수익률곡선을
살펴보아야 하는 이유

시장금리를 전망할 때 중요하게 다루어지는 것이 수익률곡선입니다. 수익률곡선은 X축에 시장금리를, Y축에 만기까지의 기간을 표시해서 이은 그래프입니다. 당연한 말이지만, 시장에서는 모든 금리가 똑같지 않습니다. 빌리는 사람의 신용도에 따라, 빌리는 기간에 따라 금리는 차이를 보입니다. 빌리는 사람이 똑같은 국채라 하더라도 1년 만기, 3년 만기, 10년 만기 금리는 각각 다릅니다. 이 중 같은 신용도 채권의 만기에 따른 금리 차이만을 한눈에 선명하게 파악할 수 있도록 만든 게 수익률곡선입니다. 수익률곡선을 통해 장단기 금리의 현황을 파악할 수 있습니다. 일반적으로는 우상향하는 모습을 보입니다.

■ **수익률곡선**

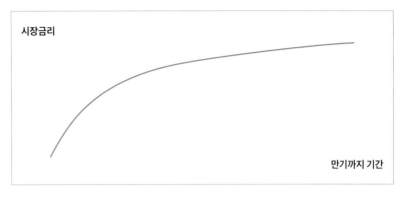

시장금리

만기까지 기간

　수익률곡선을 살펴보면 시장에서 단기금리와 장기금리가 늘 같은 방향으로 움직이지는 않을 수 있다는 중요한 사실을 확인할 수 있습니다. 이것은 주식시장에서 반도체 주가가 올라도 자동차 주가가 내리는 것과 비슷한 이치입니다. 전체적으로 금리가 올라도 단기금리보다 장기금리가 더 오르거나 덜 오를 수도 있고, 심지어 단기금리는 오르는데 장기금리는 떨어질 수도 있으며 반대로 단기금리는 내리는데 장기금리는 오를 수도 있습니다. 이럴 때 만기별로 금리에 영향을 미치는 요소들을 살피면 채권가격을 전망하는 데 매우 효과적입니다. 적절한 투자 전략을 수립할 수도 있습니다.

　단기금리는 통화정책, 장기금리는 장기 경제 전망과 채권 수급에 영향을 받는 경향이 있습니다. 이를 세분화해서 살펴보면, 2년 만기 이하 채권금리는 정책금리 변경이나 변경 전망과 거의 같은 폭과 방향으로 움직입니다. 정책금리를 올리거나 올릴 것이 확실해지면 같이 오르고, 반대의 경우 내리는 현상이 강하게 나타납니다.

그런데 10년 만기 이상 채권금리는 정책금리 변경보다는 그것이 경제에 미칠 영향, 즉 실제 경제 전망에 더 민감합니다. 그래서 정책금리를 올린다고 해서 무조건 함께 오르지 않습니다. 금리를 올리는 것이 결국 경제를 나쁘게 할 것이라는 전망이 설득력을 얻으면 채권금리가 떨어지기도 합니다. 이 때문에 정책금리를 인상할 때는 수익률곡선의 기울기가 완만해지는 경향이 있습니다. 반대로 정책금리를 인하할 때는 수익률곡선이 가팔라지는 현상을 보입니다. 정책금리 인상은 미래 경기의 둔화를, 인하는 미래 경기의 확장 가능성을 전망하는 것이기 때문입니다. 물론 이 역시 늘 통용되는 원칙은 아닙니다. 채권시장이 예상한 것보다 빠르거나 늦게 정책이 실행되는 경우도 있기 때문입니다. 하지만 과거 경험은 금리 인상, 인하기에 이러한 현상이 나타났음을 잘 보여줍니다.

한편 2~10년 사이 만기의 채권금리는 앞의 두 요인 중 어느 요인의 영향력이 더 큰가에 따라 다르게 변동하는 모습을 보입니다.

대체로 우상향의 모양인 수익률곡선의 기울기는 완만해지거나 평평해질 때도 있습니다. 심지어 장단기 금리가 역전되기도 합니다. 장기 채권에 대한 수요가 강력할 때도 비슷한 현상이 나타납니다. 따라서 여러 요인을 동시에 고려하여 장단기 금리를 전망해야 합니다.

채권 공부는
금리 공부

FIXED-INCOME
INVESTMENT

채권가격과 금리가
반비례하는 이유는?

　채권가격과 금리의 관계에 대해 열심히 설명한 후에 시간이 좀 지나서 질문을 던지곤 합니다. "금리가 오르면 채권가격이 어떻게 되나요?" 놀랍게도 우물쭈물하며 이 질문에 대답하지 못하거나, "같이 오릅니다"라며 틀린 답을 하는 사람을 드물지 않게 보곤 합니다. 독자 여러분께서는 어떠신가요?

　다시 강조합니다. 채권 공부의 제1명제는 이것입니다.

　"시장금리가 변하면 채권가격이 변한다. '반대 방향'으로!"

　그 이유는 앞에서 자세히 설명했습니다. 그래도 직관적으로 이해할 수 있도록 쉽게 알려달라는 분들이 계실 것 같아 한 번 더 이야기하겠습니다.

우리가 A라는 채권을 샀다고 생각해봅시다. 앞에서 채권의 요소를 배웠죠. 채권에는 액면(금액), 만기, 표면이율(금리)이 기록되어 있습니다. 채권은 이 요소들을 미리 정해서 그것을 약속하고 기록해둔 증권입니다. 채권에는 시장금리가 오르든 내리든 상관없이 미리 받을 이자율이 정해져 있습니다. 그런데 채권에 약속된 이자와 시장금리 사이에는 차이가 생깁니다.

예를 들어보겠습니다. 내가 산 채권에는 '3%'라고 금리가 선명하게 찍혀 있다고 합시다. 이건 불변입니다. 그런데 시장금리가 5%라면 어떨까요? 나는 2%p만큼 손해를 보겠죠. 금리가 오르면 내가 원래 받기로 한 이자가 상대적으로 작아지는 겁니다.

반대의 경우도 있겠죠. 시장금리가 1%로 내려가면 어떨까요? 이때 나는 2%만큼 이익을 보게 됩니다. 금리가 내리면 내가 원래 받기로 한 이자가 상대적으로 커지는 셈입니다.

이 두 경우에 채권을 만기까지 보유하지 않고 판다고 생각해보겠습니다. 시장금리가 5%인 경우 3% 금리가 확정된 채권은 원래 가격보다 더 싸게 팔아야 하겠죠. 반대로 시장금리가 1%인 경우 3% 금리가 확정된 채권은 원래 가격보다 더 비싸게 팔 수 있을 겁니다. 사려는 사람이 현재의 시장금리를 기준으로 삼기 때문이죠.

채권을 발행할 때 정한 금리는 바뀌지 않고 시장금리는 오르락내리락하는데 금리가 오르면 다른 금융상품보다 상대적으로 이자를 덜 받게 되니 채권가격이 떨어지고, 금리가 내리면 다른 금융상품보다 상대적으로 이자를 더 받는 셈이니 채권가격이 오르는 것입니다. 채권가격과 시장금리의 반비례 관계를 이렇게 이해하면서 꼭 기억하시기 바랍니다.

계속되는 미국 금리 인상과
저금리 시대의 종언

    2006년 6월 미국 기준금리는 5.25%였습니다. 그 뒤 세계 금융위기 이후 금융시장의 신용경색 해소와 유동성 공급을 위해 기준금리 인하를 단행했습니다. 2008년 12월까지 총 10차례에 걸쳐 인하하여 제로 금리에 가까운 0.25%가 되었습니다. 그 후 기준금리를 올린다고 했지만 2%대에 머물렀습니다. 코로나라는 특수한 상황을 피할 수 없었습니다. 그리고 2022년 3월부터 10회 연속 인상하여 5~5.25% 구간까지 올렸습니다.

    금리 인상에 대한 불만이 커지는데도 미국 연준이 금리 인상을 멈출 수 없는 사정이 있습니다. 연준은 딜레마에 빠져 있을 것입니다. 경기 침체나 금융시장 경색의 우려가 이는 등 부작용을 감수하면서까지 물가를 안정시키기 위해 금리를 인상할 것인가? 아니면 물가 인상은 내버려두고 경기 부양을 위해 금리를 인하할 것인가? 이 둘 사이에서 의사결정을 내려야 하는 단계입니다.

2023년 6월 14일에는 미 연준은 금리 동결을 발표했습니다. 전문가들은 이를 두고 미국이 금리 인상을 멈추었거나 금리 인하를 고려하는 것으로 받아들이지 않습니다. 금리 인상을 한 번쯤 멈추고 숨 고르기에 들어갔다고 보는 게 일반적입니다. 미국의 기준금리는 조금 더 오를 전망입니다.

지금 물가를 잡지 못한다면, 즉 나중에 물가 인상률이 8~9% 수준까지 오른다면 그때는 지금보다 금리를 더 올려야 할 수도 있습니다. 그때는 금융시장이나 경제 전반에 주는 충격이 지금보다 훨씬 더 클 것입니다. 장기적으로 이러한 최악의 상황에 대비해야 합니다. 물론 과거에는 경제 문제가 발생하면 금리를 내리곤 했습니다. 하지만 그때는 물가가 낮았습니다. 지금은 금리를 인하하는 조치를 취하기가 어려운 상황입니다. 앞으로 미국 금리가 어떻게 움직일지는 함부로 예단하기 어렵습니다. 이에 대한 제 생각은 따로 말씀드리겠습니다.

세계 금융위기 이후부터 2022년 3월 금리 인상을 시작할 때까지 미국은 약 14년 동안 저금리 상황이었습니다. 오랜 기간 저금리였기에 저금리를 정상적인 경제 상황으로 받아들이는 사람도 있습니다. 하지만 역사적으로 볼 때 지난 십수 년은 굉장히 독특한 저금리 시대였습니다. 1980년대는 우리나라에서 유례없는 고금리 시대였는데, 그때 세계 금리 추세는 3~10%였습니다.

20세기 말, 21세기에 들어 저금리 시대에 접어든 데는 여러 이유가 있습니다. 첫째, 정부의 개입이 커진 것을 들 수 있습니다. 세계 자본주의 전개 과정에서 여러 위기에 부닥치게 되었고, 이런 문제가 생길 때마다 돈을 풀어 해결하려는 경향이 커졌습니다. 침체와 거품, 고물가와 저물가가 반복되어 나타나기도 했습니다.

저금리 시대의 또 다른 원인으로 꼽히는 것이 세계 경제에서 중국의 역할 강화입니다. 중국이 저비용으로 제품을 공급하면서 세계적으로 물가가 낮아졌고, 이에 따라 저금리가 가능했던 사실을 볼 수 있습니다. 그리고 원유 등 에너지 사용 비용이 낮아졌습니다.

하지만 이런 저금리 시대는 종언을 고하고 있는 것으로 보입니다. 각국 정부, 특히 선진국 정부는 유동성을 공급하여 경기를 부양하는 데 한계를 느끼고 있습니다. 부작용을 감수하면서 저금리를 유지하기 어렵다는 것입니다. 세계 경제를 이끌며 가장 큰 영향을 끼치는 미국의 금리 인상은 각국으로 이어질 것입니다.

미국과 중국의 대립도 커지고 있습니다. 경제가 자국 중심이나 블록화되면서 중국이 세계 경제 전체에 값싼 제품을 공급하며 물가를 낮추는 역할도 점점 사라질 것입니다. 미국은 제조업을 국내로 유치하거나 적어도 우방국을 통해 공급받는 방향으로 정책을 이동하고 있습니다. 비용이 커지고 물가가 오르는 것은 자연스러운 결과로 보입니다. 기후변화 등 환경 위기에 맞서기 위해 세계 각국의 에너지 정책도 변하고 있습니다. 에너지 무기화나 신재생에너지의 사용 증대 역시 물가를 상승시키고, 이에 따른 금리 인상도 나타날 수 있습니다.

그런데 그 나라가 그 금리를 감당할 경제적 체력이 되느냐의 문제가 중요합니다. 금리가 높은 게 꼭 나쁜 것만은 아닙니다. 그리고 저금리 시대의 종언은 채권투자자에게는 기회입니다. 조금 더 높은 수익을 올릴 가능성이 과거보다는 큰 환경이기 때문입니다.

미국 금리,
앞으로 어떻게 될까?

　미국 금리의 향방을 예측하기는 매우 어렵습니다. 그래서 몇 가지 경향성을 파악해보려고 합니다. 당분간 미국은 현재의 고금리를 유지할 것이며, 2023년 말 이후 상황 변화에 따라 금리 인하가 시작될 것으로 보입니다. 그리고 2024년 말이 되어야 합리적인 수준의 금리를 회복하리라 봅니다.

　미국은 현재 고용률이 높습니다. 그 이유는 매우 역설적입니다. 코로나 이후 경제의 탈세계화 현상 때문입니다. 코로나 이후 외국인이 많이 떠났습니다. 주로 저임금 일자리였는데 이 자리에 미국인들이 들어가면서 고용률이 높아졌습니다. 물가 상승률도 아직 높은 편입니다.

2023년 6월 14일 금리 인상을 유보하는 결정이 나왔음에도 전문가들이 추가적인 금리 인상이 있을 것이라고 예측하는 이유가 이것입니다.

간단하게 말해 미국의 물가 상승률이 낮아져야 금리 인하가 이루어질 것입니다. 미국은 물가 상승률 2%를 목표로 삼고 있습니다. 자신들이 추구하는 장기 안정적인 경제성장을 위한 물가 상승률이 그 정도라고 보고 있는 것입니다.

전문가 중에는 2023년 말쯤에는 미 연준이 금리 인하를 시작할 수도 있다고 예측하는 사람이 있습니다. 그런데 이것은 물가 상승률이 어떻게 되느냐에 달려 있다고 봅니다. 안정적인 물가 상승률 2%로 갈수 있다는 확신을 주는 수준은 물가 상승률 3% 정도로 봅니다. 만약 2023년 말에 물가 상승률이 그 정도로 내려간다면 인하할 가능성이 있습니다. 그렇지 못하고 계속 물가 상승률이 높은 수준에 머무른다면 금리 인하는 어려울 것입니다.

2023년 말이면 미국 물가 상승률이 의미 있게 내려가지 않을까 하는 전망이 많은 것도 사실입니다. 이런 궤적을 거쳐서 2024년이나 그 이후에 2%대 물가 상승률이 되면 기준금리도 3%대로 내려가지 않을까 봅니다. 장기적으로 3%까지 가는 그림입니다. 개인적으로 2024년 말 정도는 되어야 2%대의 물가 상승률을 기록하지 않을까 합니다.

미국의 물가 상승률이 2%대였을 때 기준금리 수준은 2.5~3%였습니다. 단기적으로 저는 이 수준으로 돌아가는 게 합리적이라고 봅니다.

우리나라
금리 전망은?

한국은행은 우리나라의 거시경제 상황, 금융시장, 해외로의 자금 이동 등을 고려해서 금리를 결정합니다. 2023년 6월 현재 경기가 좋지 않으니 금리를 인하해야 한다는 목소리도 있습니다. 그런데 해외로의 자금 이동을 고려하면 미국과의 금리 차이가 크게 벌어지는 것은 견디기 어렵습니다.

외국 투자자들이 우리나라 국채의 20% 이상을 가지고 있는 상황에서 외국인들이 일시적으로 돈을 뺄 가능성도 있고, 그에 따라 환율이 급등할 수도 있습니다. 환율이 오르면 수입 의존도가 큰 우리나라는 물가 상승 압력이 커질 것입니다. 연쇄적으로 고통이 이어질 수 있습니다. 그러니 미국만큼은 아니지만, 금리를 올릴 가능성은 큽니다.

더욱이 우리나라의 기준금리가 미국보다 낮은 금리 역전 현상이 빚어지고 있습니다. 물론 우리나라도 조금씩 금리를 상승시키고 있습니다만, 미국의 급격한 금리 인상 속도를 따라잡지 못했기 때문에 간격이 커지고 있습니다.

앞에서 미국 금리는 물가 상승률 2%대의 안정적 환경에서 2.5~3%가 합리적이라고 이야기했습니다. 그런데 우리나라는 미국보다 더 낮을 가능성이 있습니다. 잠재성장률이 미국보다 낮기 때문입니다. 우리나라는 급격한 인구 감소의 초입에 와 있습니다. 주가든 금리든 미래의 모습을 그리면서 움직이기 때문에 역동성이 낮아지는 경제 여건상 성장 둔화가 금리에 반영되리라고 봅니다. 그리고 한국의 기준금리가 미국보다 낮은 상황은 장기적으로 고착화될 수도 있다고 봅니다. 미국보다 약 0.5%p 낮게 움직이리라고 전망합니다.

일본이 저물가와 저성장 구도에 들어가면서 미국과 금리가 역전된 것이 1980년대 말입니다. 이후 그 추이를 유지하면서 쭉 가고 있습니다. 우리나라가 일본처럼 될 것이냐는 차치하고 잠재성장률의 흐름만 보면 그런 구도가 될 개연성이 큽니다.

금리가 높다고
돈이 모여드는 건 아니다

투자자는 높은 금리의 자산을 사고 낮은 금리의 자산을 파는 게 자연스럽습니다. 그래서 투자자들이 최우선으로 고려하는 건 금리입니다. 하지만 글로벌 투자자라면 환율이 중요한 변수가 될 수 있습니다. 예를 들어 우리나라의 금리가 3%이고 미국이 4%라고 합시다. 1년에 1%p 차이입니다. 제가 고금리를 좇아 원화를 달러로 바꿔서 금리가 더 높은 미국 채권에 투자했다고 가정합시다. 이 상황에서 달러가 10% 절하되었다면 어떨까요? 거칠게 계산하겠습니다. 저는 원화 기준으로 환율에서 10% 손해를 보고 금리로 4%를 얻었으니 6% 손실을 본 셈입니다. 만약 우리나라 채권에 투자했다면 3% 이익을 보았을 겁니다.

　물론 실제로 이런 상황은 자주 일어나지 않습니다. 선진국 사이에서는 서로 금리 차이가 생길 때 금리가 높은 쪽의 환율이 강해질 가능성이 크기 때문입니다. 자연스러운 자금 흐름이 이런 상황을 만들어냅니다. 돈은 위험 대비 수익률이 높은 쪽으로 흐릅니다. 그러면 금리가 낮은 쪽의 가치가 낮아지니 금리가 오르는 상황이 옵니다. 선진국 간의 금리 흐름은 금리 차이에 의해 결정되는 경우가 많고 환율의 움직임도 금리 차이에서 결정되는 경우가 많다고 볼 수 있습니다. 하지만 때때로 그러한 변화의 과정에서 투자 기회가 나타납니다.

　한편, 경제의 기초가 나쁨에도 불구하고 금리가 높은 나라가 있습니다. 브라질이 대표적인 경우입니다. 이때는 성장률이 높아서 금리가 올라간 게 아닙니다. 물가가 워낙 높고 취약하기 때문에 사람들이 그 나라 채권을 사려 하지 않아서 금리가 높아진 것입니다. 그런 경우와 비교할 수는 없습니다.

금리와 부동산은
불가분의 관계

금리는 부동산투자에 큰 영향을 끼칩니다. 대개 가계가 소유한 자산 중 부동산이 가장 비중이 높습니다. 그런데 부동산을 살 때 온전히 자기 돈으로 사기 어렵습니다. 그래서 대부분의 가계가 대출을 받습니다. 따라서 금리가 오르면 부동산가격은 낮아지는 압력을 받습니다. 물론 경기가 좋을 때 부동산 수요 전망이 높아지면서 금리 인상을 상쇄하는 효과가 있습니다.

그런데 우리나라 부동산가격과 금리의 관계를 보면 치명적인 우려점이 있습니다. 수많은 사람이 저금리 때 돈을 빌려서 부동산을 샀고 그 과정에 부동산가격이 급등했는데, 이후 금리가 급속도로 오르면 심각한 타격을 받을 수 있다는 것입니다.

우리나라가 금리를 탄력적으로 못 움직이는 이유 중 중요한 것이 부동산 때문이라고 분석할 수 있습니다. 이것은 부동산 대출 시스템과도 관련이 있습니다.

미국은 약 80%의 부동산 대출이 고정금리입니다. 정책금리를 올려도 부동산 대출을 받은 사람이 갚아야 할 원리금은 똑같습니다. 신규로 집을 사는 사람은 힘들겠지만, 적어도 기존에 돈을 빌려 집을 산 사람은 자기 계획을 유지할 수 있습니다.

하지만 우리나라는 단기금리 연동형 대출 비중이 꽤 높습니다. 70%를 넘나드는 것으로 알려져 있습니다. 이 경우 정책금리가 오르면 돈을 빌려 집을 산 사람의 부담이 커집니다. 특히 금리가 단기에 급등하면 그 부담은 견디기 힘든 상황이 됩니다. 이런 상황이기에 우리나라 부동산시장은 금리 인상에 휘청거립니다.

부동산도 투자자산이므로 투자나 투기 수요라는 게 항상 있기 마련입니다. 그런데 우리나라에서는 인구구조의 변화가 일어나고 있어 장기적으로 수요가 줄어들 전망입니다. 투자심리가 수그러드는 상황이 시작되었습니다. 물론 지역별로 편차가 있겠지만, 전체적인 경향은 그럴 것입니다.

최근 일부 지역에서의 반등에도 불구하고 전체적으로 보면 부동산에 좋지 않은 환경이 한동안 이어질 것으로 보입니다. 실제로 2022년

■ **부동산시장 흐름**

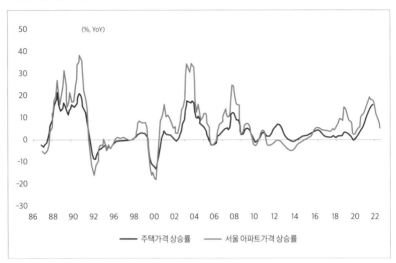

자료: KB국민은행

부터 2023년 현재까지 1년 이상 부동산시장 침체가 계속되고 있습니다. 과거 사례로 보면 한 1년 반에서 2년 정도의 부동산 침체기 이후에 상승하는 게 일반적이었습니다. 이때 얼마나 오르냐가 관건인데 앞의 요인들을 감안할 때 상승의 힘이 크지 않을 것으로 보입니다. 일부 지역만으로는 양극화의 지속 여부나 일본처럼 폭락할 것인가 여부는 불확실하지만 금리, 인구, 소득수준에 걸맞은 부동산가격으로의 수렴 과정을 겪는 것은 불가피해 보입니다.

한편 부동산의 가치는 앞으로 받게 될 임대료의 가치에 수렴하는데, 앞으로 금리가 올라가면 월세의 현재 가치가 떨어지는 효과가 있습니다. 이 역시 부동산투자의 매력도를 떨어뜨릴 이유입니다. 앞에서 저금리 시대가 사실상 끝났다고 말씀드렸습니다. 저금리에 기반을 두고 있던 한국의 부동산투자 열풍 역시 재현되지 않으리라 보는 게 합리적입니다.

그러한 점에서 채권투자는 부동산투자의 대안이 될 수 있다고 봅니다.

7장

채권투자의
위험 극복하기

FIXED-INCOME
INVESTMENT

투자에는 의도하지 않은
결과가 뒤따른다

모든 투자에는 위험이 뒤따릅니다. 투자의 결과가 예상했던 것과 다르게 나타날 가능성이 큽니다. 자산을 사거나 팔 당시에 현재 가격은 정할 수 있습니다. 그러나 미래 상황은 모릅니다. 미래 가격은 정해지지 않은 미지의 영역입니다. 이 단순하고 당연한 사실을 간과하는 사람이 많습니다. "100% 고수익이 보장된다"라는 호언장담에 현혹되었다가 소중한 재산을 잃고 눈물을 흘리는 사람을 주변에서 흔히 볼 수 있습니다. 투자할 때는 항상 위험을 고려해야 합니다. 내가 원하지 않는 결과가 올 수 있음을 늘 의식하고 이에 대비하는 게 현명합니다.

채권은 기본적으로 안전한 자산입니다. 원금 상환과 이자 지급이 미리 약속되어 있기 때문입니다. 채권을 발행하는 주체가 정부라면 더 안전합니다. 정부는 가진 돈이 다 떨어지면, 돈을 찍어서라도 갚을 수 있기 때문입니다. 그런데 이러한 국채도 상환받지 못할 가능성을 완전히 배제할 수는 없습니다. 0.000001%의 확률을 '0'이라고는 할 수 없습니다.

다행스러운 점은 투자의 위험을 사전에 어느 정도 측정할 수 있다는 것입니다. 예를 들어 주식시장에서 성장주는 조금 더 가격 변동성이 큽니다. 부동산시장에서 특정 지역의 부동산은 다른 지역의 부동산보다 조금 더 위험하다는 판단을 내릴 수 있습니다.

각 투자자산의 특징을 파악하며 위험의 크기를 측정할 수 있다면 투자 의사결정을 내리기가 수월합니다. 이때는 나의 상황과 성향도 중요합니다. 내가 참고 받아들일 수 있는 위험의 크기도 함께 파악해야 합니다. 내가 위험을 감수하고 높은 수익률을 올리고 싶은지, 위험이 낮은 대신 안전한 수익률을 원하는지에 따라 알맞은 자산을 선택하면 됩니다. 이런 분별력이야말로 투자의 중요한 기술이며 지식이자 통찰력이 됩니다.

채권의 위험은 시장 전반에 영향을 미치는 '체계적 위험'과 특정 채권에만 한정되어 나타나는 '비체계적 위험'으로 구분하여 살펴볼 수 있습니다.

체계적 위험으로는 이자율 변동에 따른 가격 위험과 재투자 위험,

그리고 물가 상승으로 인해 발생하는 구매력 위험 등이 있습니다. 이들은 시장 전반에 영향을 미치기에 일반투자자가 제거하는 것이 불가능합니다. 다만, 경제 공부를 통해 경제 상황에 민감해진다면 대비할 수 있습니다. 그리고 경우에 따라서는 위기를 기회로 만들 수도 있을 것입니다.

개별 채권에 존재하는 비체계적 위험으로는 채무 불이행 위험, 중도 상환 위험, 유동성 위험 등이 있습니다. 이들은 개인투자자의 신용등급을 고려한 선택이나 분산투자 등을 통해 회피할 수 있습니다. 이어서 그 방법에 대해 더 자세히 알아보겠습니다.

비교적 안전하지만
위험이 존재하는 채권투자

3장에서 보았던 그림을 다시 살펴보겠습니다. [자산별 위험과 수익 구조]입니다. 이 그림에서 보면 채권투자는 넓은 범위의 위험을 내포하고 있습니다. 그런데 대체로는 주식투자보다 덜 위험하다고 여겨집니다. 특히 만기까지 보유한다면 고정된 이자를 받을 수 있기에 매도하지 않는다면 위험을 통제할 수 있습니다. 이러한 성격 때문에 채권의 가격 변동성은 주식에 비해 작은 편입니다.

그렇다고 해서 채권투자의 수익성이 무조건 낮다고 볼 수는 없습니다. 채권을 적극적으로 투자하고 수익률을 높이고 싶은 사람은 각종 위험을 감수하는 전략을 취할 수 있습니다.

■ **일반적인 자산별 위험과 기대수익 구조**

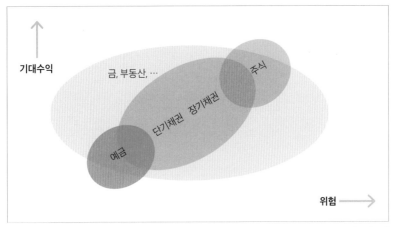

주: 예금과 채권도 신용 위험이 있어 원금 전체 손실을 볼 수 있으나 이 그림은 신용 위험이 발생해도 채권이 주식보다 우선 청구권이 있음을 반영해 작성

이때 대표적인 위험이 무엇인지 살펴봅시다.

① **금리 위험**: 가격 변동 위험

② **장단기 금리 차이**: 장단기 금리가 서로 다르게 움직여서 나타나는 위험

③ **부도 위험**: 치명적으로 작용함

④ **신용 위험**: 부도 위험의 크기로 변함

⑤ **유동성 위험**: 원하는 시기에 매도할 수 없는 위험

위의 위험 중에서 가장 자주 일어는 것은 금리 위험입니다. 그리고 위험의 크기가 가장 큰 것은 신용 위험입니다. 따라서 이 두 가지 위험을 사전에 측정하는 방법을 파악하고 있다면, 위험을 통제하며 효과적인 채권투자를 할 수 있을 것입니다.

금리 위험과
듀레이션

이 책을 읽으며 채권가격에 대한 확실한 개념을 잡았으리라 생각합니다. 자주 강조해서 지루하시겠지만, 그래도 핵심적인 사항이니 한 번 더 짚고 넘어가겠습니다. 채권가격을 움직이는 주된 요인은 시장금리입니다. 그래서 이 시장금리 변동을 전망하면 채권가격의 움직임을 예상할 수 있습니다. 채권가격과 시장금리는 반대 방향으로 움직입니다. 금리가 오르면 채권가격이 내려가고 금리가 내려가면 채권가격이 오릅니다.

그런데 여기서 중요한 점 한 가지를 확인해야 합니다. 시장금리 변동에 따라 채권가격이 변동할 때 그 변동폭이 채권마다 다르다는 것입니다.

예를 들어 시장금리가 1%p 올랐을 때 채권가격은 대체로 내리겠지만, 0.7%p 내리는 채권도 있고 1.2%p 내리는 채권도 있다는 것입니다. 채권별로 금리 인상과 인하의 영향을 다르게 받는데 이러한 정보를 알고 있다면 채권투자에 매우 유리합니다.

만약 금리가 올라서 채권가격이 떨어질 것이라는 확신이 서면 어떻게 대응해야 할까요? 채권을 팔고 금리가 오를 때 가격이 같이 오르는 자산을 사면 효과적일 것입니다.

이것은 주식시장에서 주가가 떨어질 것 같으면 주식을 팔거나 선물을 매도하는 것과 같은 원리입니다. 또한, 드물긴 하지만 채권의 경우에는 시장금리가 오를 때 받게 되는 표면이자도 같이 오르는 채권도 있으니 이런 채권을 사도 괜찮을 것입니다.

하지만 금리 전망은 기본적으로 확실하지 않습니다. 그러므로 채권을 살 때 내가 금리가 변화될 위험에 대해 어떤 생각을 지녔는지를 고려해 매입 대상 채권을 선택하는 게 좋습니다. 위험을 회피하는 사람이면 금리가 변해도 가격이 덜 변하는 채권을 사고, 고수익을 원하는 사람이면 금리가 조금 변해도 가격이 더 크게 변하는 채권을 선택하면 됩니다.

이렇듯 금리 변동에 따른 채권가격 변동폭을 이해하고 내 성향에 맞게 투자하는 것이 합리적입니다. 이때 사용하는 도구가 듀레이션입니다. 듀레이션은 1%의 금리 변동에 대해 채권가격이 얼마나 변하는 가를 측정하는 지표입니다. 물론 듀레이션은 채권별로 다릅니다.

장기채권의
위험성이 더 큰 이유

금리의 개념을 두고 100만 원의 가치를 생각해봅시다. 현재 100만 원, 1년 후의 100만 원, 10년 후의 100만 원, 30년 후의 100만 원에 대한 각각의 이미지는 어떤가요? 모든 만기의 금리가 5%일 때 앞의 네 경우 현재 가치가 똑같으면 공평하다는 생각이 드시나요?

금리 5%에서 1년 후 100만 원은 105만 원을 받아야 내가 지금의 100만 원과 같은 가치라고 생각할 수 있습니다. 그런데 5%라는 이자율이 30년간 지속된다면 어떨까요? 이자에 이자가 붙는 복리로 계산하면 30년 후 100만 원은 432만 1,942원입니다.

만기가 길다면 금리가 올라감에 따라 누적해서 영향을 받는 기간이 늘어나기 때문에 가치 변동이 훨씬 크게 나타납니다. 따라서 금리가 올랐을 때 1년 만기 채권의 가격보다 30년 만기 채권의 가격은 훨씬 크게 떨어질 것입니다. 이것이 앞에서 이야기한 듀레이션입니다. 금리가 한 단위 변할 때 가격이 얼마나 변하느냐를 측정하는 것이죠.

예를 들어 듀레이션이 2라면 그 채권의 금리가 1% 올랐을 때 그 채권의 가치는 2% 떨어진다는 것입니다. 이런 가격 변화율은 기울기로 나타나는데, 만기가 긴 채권들은 기울기가 가파르고 만기가 짧은 채권들은 기울기가 완만하다고 볼 수 있는 겁니다.

개별 채권에 대해 금리 변동에 따른 가격 변동성을 계산할 때 가장 영향을 많이 미치는 요소가 기간입니다. 채권의 만기까지 남아 있는 기간, 잔존 기간이 가장 큰 영향을 미칩니다. 장기채권일수록 더 변동성이 큽니다.

예를 들어 듀레이션이 22년인 30년짜리 채권이 있습니다. 1% 금리가 오르면 이 채권의 가치는 22% 하락합니다. 그래서 어떤 분들은 30년쯤 되는 장기채권은 '칼' 같다고 표현합니다. 주식시장보다도 변동성이 더 커질 수 있다는 이야기입니다. 30년짜리 채권의 가치가 10%씩 떨어지는 경우가 허다합니다. 반대로 오를 때는 10% 이상씩 오르는 경우들도 생깁니다.

즉, 단기채권과는 달리 장기채권은 만기까지의 기간에 따라 금리 변동이 채권가격에 누적적인 영향을 끼칩니다. 수익성이 변동이 크죠.

당연히 위험성도 커집니다. 다만, 주식과 달리 이 채권은 30년을 보유하면 원리금을 보장받습니다. 중간에 어떤 금리 변동에도 불구하고 마지막 순간까지 기다리면 원래 투자했던 원금은 지켜진다는 얘기입니다. 이 점도 반드시 기억해야 합니다.

듀레이션
계산하는 법

복잡한 수식이 또 하나 나옵니다. 듀레이션을 계산하는 공식입니다.

$$\frac{1 \times PVCF_1 + 2 \times PVCF_2 + \cdots + n \times PVCF_n}{PVTCF}$$

PVCFt=채권수익률로 할인된 t기 현금흐름의 현재 가치

t=현금흐름 발생 기간

n=만기까지 현금흐름 발생 기간 수

PVTCF=총현금흐름의 현재 가치

수식을 외워서 직접 계산할 필요는 없으니 겁먹지 마시기 바랍니다. 매매 시스템이 개별 채권의 듀레이션을 다 계산해줍니다. 이해를 돕기 위해 수식을 소개하는 것입니다.

개념적으로 보면 듀레이션은 '채권 현금흐름의 가중평균 상환 기간' 입니다. 이 수식은 채권을 사는 사람들이 기본적으로 갖게 되는 질문에 답하기 위해서입니다. 즉, '이 채권을 사서 얼마나 지나야 내가 처음에 투자한 원금이 회수될까?'를 계산해줍니다.

채권은 중간에 이자를 지급하는 경우가 대부분입니다. 그래서 이 수치는 만기까지의 기간보다 짧아집니다. 만약 만기 때만 이자와 원금을 주는 채권이라면 만기까지의 기간과 듀레이션이 똑같습니다. 그런데 왜 수식이 이렇게 복잡해졌을까요? 미래에 들어올 돈을 다 현재 가치화해야 하기 때문입니다. 내일 받는 10원이 오늘 가진 10원과 실질적으로 다르다는 점을 반영하기 위해서입니다.

그런데 이러한 식을 조금 변형하면 1%의 금리 변동에 따른 채권가격 변동분으로 바뀐다는 점이 발견되었습니다. '채권 현금흐름의 가중평균 상환 기간'이 금리 변동에 따른 채권가격의 민감도를 계산하는 데 사용할 수 있음을 알게 된 것이지요.

다음 [듀레이션 개념도] 그림에서 원점에 대해 볼록한 곡선은 어떤 채권의 가격과 금리의 관계를 나타냅니다. 곡선이 이렇게 생긴 것은 수식이 다항식이기 때문입니다. 여기에서 듀레이션은 금리가 금리1에서

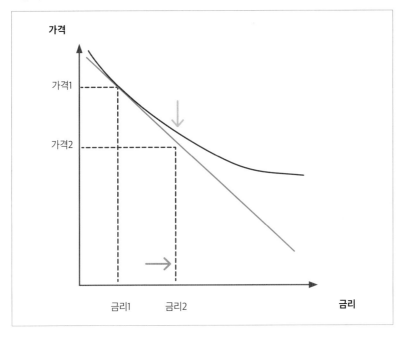

금리2로 오를 때 가격이 가격1에서 가격2로 움직이는 직선의 기울기를 의미합니다. 조금 어려운 표현으로는 금리1 상황에서 1차 미분값, 즉 가격곡선과 접하는 직선의 기울기를 의미하지요. 따라서 금리가 조금 변한다면 거의 정확하게 금리 변동에 대한 가격 변동을 사전에 측정할 수 있습니다.

그런데 주의할 점이 있습니다. 금리가 크게 변하면 가격 변동분을 듀레이션으로 다 계산할 수 없다는 것입니다. 기관투자자들은 이러한 오차를 2차 미분값으로 또 계산합니다.

이처럼 듀레이션도 한계를 갖습니다. 하지만 개인투자자가 어떤 채권이 어느 정도 금리 민감도를 갖는지 알 수 있다는 점에서 매우 유용한 지표라고 할 수 있습니다.

신용 위험이란 무엇인가?

앞에서 채권 위험 중 가장 자주 발생하는 금리 위험에 대해 알아보았습니다. 이제 위험의 크기가 가장 큰 것인 신용 위험에 대해 살펴보겠습니다.

신용 위험은 실제로 나타나는 경우는 많이 없지만, 한 번 발생하면 투자자에게 큰 타격을 줄 수 있습니다. 신용 위험은 민간 발행자가 발행하는 채권이 갖는 고유의 위험입니다. 다른 말로 표현하자면 '상환 가능성 변화에 따른 채권가격 변화 가능성'입니다.

우리가 지인에게 돈을 빌려주는 상황을 가정해봅시다. 무슨 일이 있어도 반드시 돈을 갚을 것이라고 확신하는 사람에게 돈을 빌려줄 때는 많은 이자를 요구하지 않을 것입니다. 심지어 원금만 돌려받기로 하고 빌려줄 때도 있습니다. 그런데 돈을 갚지 않을 가능성이 있다고 생각되는 사람에게는 아예 돈을 빌려주지 않으려 할 것입니다. 혹 빌려주더라도 높은 이자를 요구할 것입니다. 이런 일은 제도화된 대출시장에서도 마찬가지로 일어납니다.

■ **신용의 구조**

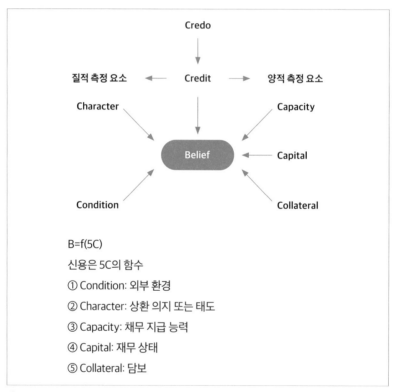

자료: Standand & Poor's

상환 가능성에 따른 금리 차이는 신용 위험이 금리로 표현된다는 점을 의미합니다. 채권시장에서는 이러한 보상을 '신용 프리미엄'이라고 부릅니다. 채권 발행자의 위험이 클수록 이 프리미엄은 커집니다.

그런데 이러한 프리미엄은 곧 이자수익이기도 합니다. 따라서 적절한 채권을 산다면 무조건 안전한 채권을 살 때보다 높은 수익률을 달성할 수 있습니다. 다만, 너무 위험한 채권을 선택한다면 이자를 받기는커녕 원금도 손실을 볼 수 있습니다.

이런 상황이기 때문에 채권 발행자는 투자자가 투명한 정보를 바탕으로 선택할 수 있도록 자신의 위험성에 관한 정보를 제공해야 합니다. 즉, 채권 발행자가 채권을 발행할 때는 신용평가회사로부터 해당 채권의 신용도를 부여받고 이를 공개해야 합니다. 신용평가회사는 특정 채권의 채무 변제 능력, 즉 상환 가능성을 상대적·절대적 기준으로 등급을 매기는 회사입니다. 채권 신용도 부여는 처음 발행될 때 하며, 또한 1년에 한 번씩 합니다. 그리고 어떤 특정한 이슈가 발생할 때 신용등급을 부여하거나 변화시킵니다.

신용 위험을
파악하는 방법

국채는 채권 중 가장 안전하다고 평가받습니다. 그런데 국채가 아닌 채권, 특히 민간이 발행한 채권에 투자하는 투자자라면 해당 채권의 신용등급을 꼭 확인해야 합니다.

신용등급은 기본적으로 상환 능력에 초점을 맞추어 부여합니다. 따라서 얼마나 돈을 많이 버는가와 함께 지금 얼마나 많은 현금성 자산을 가지고 있는지, 갚아야 할 부채는 얼마나 많은지 등을 중요하게 다룹니다.

이 점은 미래의 매출과 이익 성장성에 초점을 맞추는 주식과는 매우 다릅니다.

■ 국내 신용등급

구분	등급		내용
투자 등급	AAA		원리금 지급 능력이 최상급임
	AA	+	원리금 지급 능력이 매우 우수하지만, AAA의 채권보다는 다소 열위임
		0	
		−	
	A	+	원리금 지급 능력은 우수하지만, 상위 등급보다 경제 여건 및 환경 악화에 따른 영향을 받기 쉬운 면이 있음
		0	
		−	
	BBB	+	원리금 지급 능력은 양호하지만, 상위 등급에 비해 경제 여건 및 환경 악화에 따라 장래 원리금의 지급 능력이 저하될 가능성을 내포하고 있음
		0	
		−	
투기 등급	BB	+	원리금 지급 능력이 결핍되며 불황 시에 이자 지급이 확실하지 않음
		0	
		−	
	CCC	+	원리금 지급에 관해 현재에도 불안 요소가 있으며 채무 불이행의 위험이 커 매우 투기적임
		0	
		−	
	CC	+	상위 등급에 비해 불안 요소가 더욱 큼
		0	
		−	
	C	+	채무 불이행의 위험성이 높고 원리금 상환 능력이 없음
		0	
		−	
	D		상환 불능 상태임

주: 국내 신용평가사 기준으로 작성

앞의 [국내 신용등급] 표는 국내 신용평가회사가 제시하는 신용등급 기준과 표현입니다. AAA등급부터 D등급까지 있으며, AAA와 D등급을 제외한 나머지 등급은 +, 0, −를 붙여 3개의 하위 등급으로 나눕니다.

개인투자자들은 이 중에서 BBB등급 이상 채권만 투자하시기를 권합니다. 일반적으로 BBB등급 이상을 투자등급, BB등급 이하부터는 투기등급으로 분류합니다.

여기에서 중요한 것이 BBB등급입니다. 일반적으로 A등급 이상이

■ 국제 신용등급

내용	S&P	Moody's
안정성 최상위급, 상황 변화와 관계없이 원리금 지불 가능	AAA	Aaa
최상급보다 안정성 떨어지나 기본적으로 문제없음	AA+, AA, AA-	Aa1, Aa2, Aa3
안정성 상위급, 원리금 지불 문제없으나 상황 악화 요소 있음	A+, A, A-	A1, A2, A3
현 상태의 안정성, 수익성에는 문제없으나 불황 시 주의 요함	BBB+, BBB, BBB-	Baa1, Baa2, Baa3
투기성 있고 장래의 안정성을 보장할 수 없음	BB+, BB, BB-	Ba1, Ba2, Ba3
투자 대상으로 부적격, 원리금 지불, 계약 조건 유지 불확실	B+, B, B-	B1, B2, B3
원리금 지불 불능 가능성 있음	CCC 이하	Caa 이하

자료: S&P, Moody's

부여된 채권은 부도 확률이 매우 낮습니다. 그런데 BBB등급은 환경 변화에 따라 지급 확실성이 낮아질 수 있다고 표현되어 있습니다. 이에 따라 부도율 역시 A등급 이상보다는 의미 있게 높아지기 시작합니다. 이런 점이 반영되어 BBB등급 채권은 금리가 높습니다. 따라서 위험 선호도에 따라 투자 여부가 갈리는 등급이라고 할 수 있습니다. 투자자는 자신의 성향에 따라서 BBB등급 채권에 어떻게 접근할지 신중히 판단해야 합니다.

앞의 [국제 신용등급] 표에서 보는 바와 같이 국제적인 신용평가회사의 등급도 국내와 비슷합니다.

신용등급을 볼 때
유의할 점

국내와 국제 신용평가회사가 채권의 신용등급을 부여하는 방법에 대해 살펴보았습니다. 채권에 투자할 때 이러한 신용등급은 유용한 판단 기준과 정보로 활용할 수 있을 것입니다. 그런데 신용등급 조정은 많은 경우 시기적으로 늦다는 것이 문제입니다. 기업의 재무제표를 확인하는 등의 복잡한 절차를 거칩니다. 그리고 신용등급 변경은 기업에는 절박한 사안이므로 신중을 기하는 편입니다.

그러므로 투자자들은 보유하고 있거나 새로 투자하는 채권의 신용등급 변화 가능성을 스스로 체크할 능력을 갖추는 것이 좋습니다. 이러한 정보는 수시로 발표되는 신용평가회사의 신용분석 리포트와 증

■ 신용평가회사가 수시로 발표하는 신용분석 리포트

자료: NICE 홈페이지

권회사에서 제공하는 신용분석 리포트를 통해 얻을 수 있습니다.

신용분석 리포트들은 신용등급이 부여된 채권들의 거래를 분석하고 여러 환경의 변화, 개별 기업의 문제, 특정 채권(예: A등급 회사채)이나 특정 범주의 채권들에서 가격이 어떻게 변화하는가 등을 다뤄서 채권투자자들에게 도움을 줍니다.

또한, 신용평가회사 웹사이트를 보면 회사채의 신용도를 표시한 매트릭스가 있습니다. 신용등급에 따라 1년, 2년, 3년. 4년 등 각 기간에서 부도가 난 누적 확률을 표시해둔 것입니다. 이 매트릭스를 놓고 특정한 해에 특정 등급을 받은 기업이 시간의 경과에 따라 몇 개가 부도 났는지를 한눈에 보여주는 것입니다.

이 매트릭스를 보면 어떤 경우에는 이 기업은 자칫 잘못하면 한순간에 무너지겠구나 하는 우려감을 주기도 하지만, 어떤 경우에는 불필요한 우려를 좀 줄이기도 합니다. 회사채 사는 것을 무조건 싫어하는 분도 계신데 이런 분들이 정보를 통해 신용등급 AA+ 회사채를 사면 부도가 날 확률이 매우 낮다는 점을 쉽게 파악할 수 있습니다.

이러한 신용분석을 잘 이해하기 위해서는 분석 내용을 알아야 합니

■ **신용평가회사의 등급 부여 방법론**

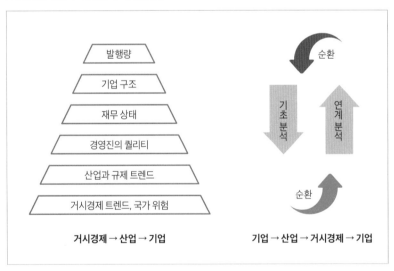

주: 각 신용평가사 모형을 바탕으로 작성

다. 일반적으로 외부 환경의 변화와 상환 의지, 지급 능력, 재무 상태, 담보 등이 분석 대상인데, 투자자들은 리포트를 읽을 때 이러한 부분들이 꼼꼼하게 분석되어 있는지를 살펴볼 필요가 있습니다.

한편, 신용평가회사의 등급 부여 방법론도 참고할 필요가 있습니다. 이들은 글로벌 트렌드와 더불어 규제, 경영진의 질적인 수준으로부터 발행 규모까지 매우 다양한 정보를 활용합니다. 따라서 신용 위험이 큰 채권에 투자하려는 투자자라면 발행 시의 신용등급 리포트를 꼼꼼하게 살펴보는 게 효과적입니다.

특히 채권이 발행된 이후에도 신용등급의 변화 여부를 관심 있게 추적해야 합니다. 이러한 습관은 남보다 먼저 의사결정을 내릴 수 있는 힘으로 이어집니다.

8장

내 돈을 지키고 불리는
채권투자 전략

FIXED–INCOME
INVESTMENT

사고파는 타이밍을
어떻게 선택할까?

자산투자를 통해 수익을 올리는 가장 좋은 방법은 무엇일까요? 다양한 대답이 나올 수 있을 겁니다. 그중에서 굳이 하나를 꼽자면 아마도 사고팔 시점을 아는 것이 아닐까요? 낮은 가격에 사서 비싼 가격에 파는 것. 모든 투자자는 이것을 원할 겁니다. 채권투자도 마찬가지입니다. 쌀 때 사서 비쌀 때 팔 수 있다면 가장 효과적인 투자가 될 것입니다.

채권의 경우 만기 때까지 보유하는 분들이 많습니다. 그래서 타이밍이 중요하게 느껴지지 않을 수도 있습니다. 하지만 달리 생각해볼 수도 있습니다. 매도 시점은 정해졌다 하더라도 매수 시점에 따라 수익률이 달라질 수 있으니까요. 가격이 싼 시점에 사는 것과 비싼 시점에 사는 것은 매우 큰 차이가 있습니다.

채권의 매도 시점을 잘 포착해낼 수만 있다면 만기 보유를 선택할 수도, 중간에 팔아서 자본이득을 내고 또다시 투자에 나설 수도 있습니다. 투자자는 효과적인 옵션을 갖게 되는 셈입니다.

중요한 이야기를 다시 한번 더 하겠습니다. 채권가격은 시장금리와 연동됩니다. 역방향으로요. 그러므로 우리는 시장금리 전망을 잘 활용하여 투자 시점을 선택하는 것이 중요합니다. 이러한 기본 지식을 활용하여 시장에서 흔히 나타나는 오버슈팅과 언더슈팅을 수익률을 높이는 기회로 삼을 수도 있습니다.

언더슈팅은 과민반응으로 인해 단기 급락이 일어나는 것을 말합니다. 투자자들이 겁을 먹고 급하게 매도하여 짧은 시간 급락하는 상황입니다. 이는 역으로 반등의 기회를 의미합니다. 반대로 오버슈팅은 단기간에 급등하는 것을 의미합니다. 중요한 사건, 정부 경제정책 변화 등의 변수에 영향을 받아 일어나기도 합니다. 이것은 반대로 보면 하락의 전조가 되기도 합니다.

시장금리 전망을 기반으로 현재 상황이 언더슈팅인지 오버슈팅인지 판단하고 투자 전략을 세운다면 매우 효과적입니다.

문제는 시장금리 전망이 어렵다는 점입니다. 앞서 지적했지만, 금리의 수준은 둘째치고 방향성을 60% 정도의 승률로 맞추는 것조차 쉽지 않은 일입니다. 이러한 점은 주식과 외환, 부동산, 금 등 모든 자산 가격 전망이 어렵다는 통설에서 채권 역시 자유로울 수 없음을 의미합니다.

이와 관련해서 자본시장이 상당히 효율적이라는 점도 투자자들의 기운을 빼는 일이죠. 재무론을 배운 분이라면 누구나 알고 계신 '효율적 시장가설'이라는 것이 있습니다. 미국의 유명한 재무학자 유진 파마 교수가 제시한 가설인데, 이를 살펴보면 다음과 같습니다.

먼저 어떤 상품에 대해 얻을 수 있는 모든 정보가 공정하게 모든 사람들(여기에서는 투자자들)에게 제공된다고 가정합니다. 그리고 합리성을 가진 모든 투자자들이 이를 고려하여 반응한다고 생각합시다. 그렇다면 어떤 정보가 갖는 가격에 대한 영향력은 아주 빨리 반영될 수밖에 없을 것입니다. 결국 장기적으로 어떤 투자자가 시장 평균 이상의 수익을 얻는 것은 불가능에 가까운 일이 되겠지요.

쉽게 얘기해서 노력을 기울여도 시장 평균 이상의 결과를 얻을 수 없다는 것입니다. 시장 전망 역시 제공되는 모든 정보를 바탕으로 하는 것임을 감안하면, 전망에 의해 남보다 더 나은 수익률을 얻을 수 있다는 기대를 갖긴 어렵겠지요.

하지만 채권투자에서 적극적으로 전망을 활용해 사고파는 타이밍을 선택하는 것은 다른 자산에 투자할 때보다 유리한 점이 있습니다. 바로 신용 위험을 잘 살펴본다면, 전망 실패에 따른 충격이 다른 자산에 투자했을 때보다 작다는 점입니다. 만기가 되면 원금이 상환된다는 채권의 성격 때문이지요.

물론 투자하는 자금을 꼭 회수해야 하는 경우에는 이 같은 채권의 이점을 살리긴 어렵습니다. 3개월 후에 집을 사기로 한 자금을 투자하면서 30년 만기 채권과 같이 가격 변동성이 큰 채권에 투자하면 어려움을 겪게 될 수 있다는 얘기지요. 따라서 투자를 시작할 때 다른 목적을 위해 투자자금을 회수할 시점이 분명한 경우에는 그 시점과 채권의 만기를 일치시키는 것이 더 바람직합니다.

실제로 앞서 말씀드린 전망의 어려움과 효율적 시장가설이 의미하는 시장 평균 이상 수익률 달성의 어려움에도 불구하고 채권시장에는 많은 투자자가 금리를 전망하고 채권의 가치가 저평가되거나 고평가된 시점을 찾기 위해 노력하고 있습니다.

꾸준한 관심이 조금이라도 더 나은 투자 결과로 이어지는 수많은 경험이 있습니다. 또한 효율적 시장가설조차도 완전한 효율적 시장만을 가정하지는 않습니다. 실제로 시장 자체가 완전히 효율적이지 않기 때문입니다. 여러분도 이 기회를 적극적으로 활용하시길 바랍니다.

투자 기간과
전망 기간의 조화?

바로 앞에서 투자를 시작하는 시점과 투자자금을 회수해야 하는 시점의 중요성에 대해 얘기했습니다. 즉, 투자에서는 보유 기간이 매우 중요합니다. 단기냐, 중기냐, 장기냐에 따라 자금의 성격이 달라질 수 있고, 여러 가지 이유로 처음에 정한 기간에 따라 투자자들의 성향이 영향을 받기 때문입니다. 아무래도 단기투자자들은 단기적인 가격의 변동에 민감해지지만, 느긋하게 시간을 두고 투자하는 장기투자자들은 단기적인 가격 변동에 민감할 이유가 없겠지요.

채권뿐 아니라 주식에 투자하는 투자자도 단기투자자인지 장기투자자인지에 따라 행동이 확연하게 달라집니다. 예를 들어 주식을 보유하면서 배당을 노리는 투자자들과 단기적인 가격 이익을 노리는 투자자들은 매매 횟수나 고르는 주식이 서로 다를 수밖에 없습니다. 그런데 이러한 점은 처음 마음먹은 투자 기간이 다를 때 의사결정을 위해 참고하는 정보도 달라질 수밖에 없다는 점을 알려줍니다.

다시 채권으로 돌아오면 어떤 사람은 채권을 사서 만기까지 보유하고, 어떤 사람은 계속 채권을 거래해 자본이득을 극대화하려 합니다. 서로 다른 마음으로 채권에 투자하는 것이지요. 이 경우 매매를 하게 되는 횟수도 달라지고 고르는 채권도 달라집니다. 예를 들어 어떤 채권을 만기까지 보유하려는 사람은 길게 볼 때 상대적으로 싸게 매수할 시점을 골라야 하지만, 자본이득을 극대화하려는 사람은 그보다는 단기적으로 금리가 어떻게 변동할지에 관심을 가지겠지요.

또한, 채권을 선택하는 데 있어서 만기까지 보유하는 사람은 긴 기간 동안 신용 위험이 커지지 않을 채권을 선택하는 게 자연스러운 반면, 자본이득을 노리는 투자자는 그보다 유동성이 높은 채권을 고를 것입니다. 결국 자신이 선택한 투자 기간과 전망의 기간을 잘 조화시키는 지점이 필요하고, 이를 위해서는 각각의 전망 기간에 유효한 변수들을 잘 살펴야 합니다.

당연히 이러한 투자 기간은 사람에 따라 모두 다를 수 있기 때문에 기간을 나누고 분류하기 시작하면 끝이 없습니다. 하지만 채권투자에서는 보통 세 가지 정도의 기간을 구분해 각각의 보유 기간에 적합한 전망 변수를 고려합니다.

만약 만기 보유나 3년 이상의 기간을 고려하는 장기투자자라면 단기적인 가격 흐름보다는 국내외 경제의 구조적인 문제를 이해하는 게 좋습니다. 예를 들면 달러화 강세나 그보다 더 긴 인구 고령화 문제, 미중 패권 전쟁과 같은 구조적 문제 등을 이해할 필요가 있습니다. 이러한 문제들은 모두 채권가격, 즉 시장금리의 장기적인 추세를 결정합니다. 따라서 내가 채권을 보유하는 기간 내내 계속해서 가격에 영향을 미칩니다. 예를 들어 인구 고령화가 경제성장률을 떨어뜨려 금리를 내리는 힘으로 작용한다고 판단한다면, 채권을 사서 장기 보유하면 이익을 얻는 계획을 세울 수 있습니다.

실제로 과거 우리나라 금리는 지금보다 많이 높았습니다. 1990년대까지만 해도 두 자릿수 금리가 일반적이었고, 2000년대 들어와서도 지금보다는 높은 금리 수준이 유지됐습니다. 앞에서 설명한 것처럼 금리는 기대인플레이션과 실질금리의 합인데, 과거 물가가 높은 수준이었고 실질금리에 영향을 미치는 성장률도 높았기 때문입니다. 지금은 3%만 성장해도 다행이라고 여기는 경우가 많지만 그 당시에는 거의 5~10% 사이의 성장률이 보통이었지요. 하지만 GDP 규모가 커지면서 성장률은 떨어졌고, 금리도 같이 내려왔습니다. 그 당시 오랜 기간 돈을 묶어둘 수 있는 투자자라면 가급적이면 만기가 긴 채권을 사서 오래 보유해 돈을 벌 수 있었겠지요.

장기 3년 이상	국내외 경제의 구조적 문제 이해 ◉ 글로벌 달러 강세, 고령화, 미중 패권 전쟁 등은 금리의 장기 추세에 어떤 영향을 주나?
중기 1~3년	국내외 경기 순환 사이클 이해 ◉ 현재 경기 사이클은 확장기인가? 물가가 높아 강한 긴축이 유지될 것인가?
단기 3개월 이내	이벤트, 수급, 기술적 분석 ◉ 다음 달 국채가 얼마나 많이 발행될까? 이번 금통위는 금리를 동결할까, 인상할까?

같은 관점에서 고령화와 인구 감소, 미중 패권 전쟁 같은 장기적 사안들은 오랜 기간에 걸쳐 성장률과 금리의 추세를 결정한다는 점에서 장기투자자들이 관심을 가져야 하는 상황입니다. 그렇지만 투자자들은 각 사안의 영향에 대해 한쪽 방향으로만 선입견을 가지면 안 됩니다. 앞으로 5년 후 고령화와 인구 감소가 성장률과 금리를 떨어뜨릴 수 있지만, 미중 패권 전쟁이 의미하는 탈세계화는 물가를 올려 금리를 끌어올릴 수도 있습니다. 상황의 변화를 감안하여 깊은 고민 후 선택지를 찾아야 한다는 얘기입니다.

이와 마찬가지로 중기와 단기 투자에도 각각의 기간에 더 크게 영향을 미치는 요인들이 있습니다. 특히 소액으로 채권시장에서도 조금 더 높은 수익을 올리기 위해 자본이득을 고려하는 투자자라면 장기 추세만큼이나 단기와 중기에 영향을 미치는 요인들을 주의 깊게 살펴보는 게 효과적입니다.

이 중 중기의 경우에는 국내외 경기 사이클을 이해하는 것이 핵심입니다. 경기 사이클은 대체로 3~5년 정도를 주기로 한 사이클이 완성되는데, 1~3년 정도를 투자 기간으로 고려할 경우에는 이 사이클의 위치가 금리의 수준이나 방향성을 전망하는 데 가장 많은 정보를 제공합니다. 그렇기 때문에 실제로 많은 기관투자자가 경기 사이클에 대한 전망을 채권투자에 활용하고 있습니다. 앞으로 경기가 확장기에 들어설 것으로 예상되면 채권을 팔아두었다가 경기 확장으로 금리가 오르면 채권을 사고 경기 둔화가 예상되는 시점까지 보유하는 식입니다.

또한, 경기 순환 사이클을 알면 통화정책 전망을 채권투자에 활용할 수도 있습니다. 통화정책은 단기 기준금리만을 변경시키는 방법으로 수행되지만, 경제 전체의 방향성을 바꿀 수 있는 힘이 있기 때문에 채권투자에 있어서 매우 중요한 단서가 됩니다. 예를 들어 투자자들은 금리 인상 사이클이 마무리될 무렵에 중기적 관점에서 채권을 매수하고 금리가 떨어질 때까지 기다리는 전략을 세울 수 있습니다. 금리를 인상하는 행위나 높아진 금리가 앞으로 경기를 둔화시킬 가능성이 높기 때문입니다.

단기투자는 일부 기관투자자들처럼 하루에도 여러 번, 길어도 몇 개월 동안 채권 매매를 반복해서 자본이득을 극대화하는 것입니다. 기관투자자들의 자금은 일반적으로 자신들의 부채(은행이라면 예금) 만기에 따라 운용되지만 수익률을 극대화하기 위한 단기 트레이딩 인력을 보유합니다. 이들은 단기 수익률을 극대화하기 위해 수많은 정보를 획득하고 분석합니다.

그런데 이를 위해서는 고령화 등 장기 추세와 경기 사이클 등 중기 방향성을 결정하는 변수들 이외에 채권 수급과 통화정책 담당자들의 언급 등 단기 방향성에 영향을 미치는 변수들을 고려해야 합니다. 특히 이러한 변수들을 실시간으로 고려해야 합니다. 예를 들어 고령화와 경기 둔화 가능성이 금리에 하락 압력을 주고 있어도, 단기적으로는 정부의 국채 입찰 물량 증가가 금리를 끌어올릴 수 있습니다. 나중에 다시 금리가 내리더라도 말이죠.

저는 개인투자자에게 단기투자보다는 중기투자를 권합니다. 경기 순환 사이클 전망을 바탕으로 전략을 세우는 방식입니다. 개인들이 너무 오랜 기간 자금을 묶어두는 것은 기회비용이 상대적으로 크고, 단기적인 전망 변수들을 기관투자자들에 비해 더 잘 추적하고 분석하기 어렵기 때문입니다. 일반적인 뉴스와 증권사 리포트에 관심을 갖고, 한국은행 홈페이지의 데이터를 통해 직접적으로 경기 상황을 판단하는 것은 채권투자뿐 아니라 현명한 직장생활을 위해서도 필요한 일입니다. 이를 채권투자에도 활용하는 것이지요.

물론 경기를 전망하는 것은 어렵습니다. 현재의 위치가 애매하게 느껴질 수 있고, 전문가들의 파악도 제각각이지요. 그럼에도 불구하고 경기 사이클과 이와 맞물린 통화정책 기조는 채권가격에 가장 확실한 영향을 미치기 때문에 잘 파악할 경우 높은 수익률로 이어질 수 있습니다.

단기투자를 피해야 하는 이유는 또 있습니다. 1개월 정도만 쓸 수 있는 돈을 채권에 투자했을 때 금리가 올라, 즉 가격이 내려 손해를 보면 당초 계획했던 일들에 차질이 빚어지기 때문입니다. 국채선물 등 헤지 방법을 이용할 수 있다면 일부 문제를 완화할 수 있지만, 그렇지 않은 경우가 대부분이겠지요. 따라서 가격이 전망한 대로 가지 않더라도 대응할 수 있는 시간을 충분히 벌어놓아야 합니다.

만기 보유와
중도 매매의 선택 기준

채권을 산 투자자들은 보유하는 내내 만기까지 기다릴 것인지, 아니면 중간에 팔 것인지 선택의 기로에 서 있습니다. 물론 미리 마음을 먹었다면 고민할 필요는 없지만, 투자에 있어서 선택의 기로는 늘 찾아옵니다.

금리가 오를 만큼 올랐다고 판단하고 채권을 매수한 투자자가 있다면, 그는 이후에 금리가 더 올라 손해를 볼 수도 있고 금리가 내려서 이익을 볼 수도 있습니다. 이때는 매수한 채권을 만기까지 그냥 보유할 것인지, 아니면 중도에 팔고 다시 매수에 나설 것인지 등을 저울질하게 될 것입니다.

이런 상황과 관련하여 중요한 개념이 있습니다. '내가 의도한 투자 기간 중 발생하는 총수익률'입니다. 채권투자에서 총수익률은 투자 기간 중 채권 매매를 통해 얻게 되는 이자소득과 자본이득을 더한 값입니다. 매수해서 만기까지 보유한다면 처음 결정된 이자소득이 총수익률이 되지만, 중간에 매매한다면 이자소득과 자본이득의 합이 총수익률이 됩니다.

예를 하나 들어보겠습니다. 채권을 샀는데, 금리가 더 올라 손해인 상태에 놓인 투자자 A가 있습니다. A는 만기까지 보유해 확정된 이자소득만 노릴 수 있습니다. 그렇게 하지 않고 중간에 손해를 보면서도 팔고, 더 높은 금리에 채권을 매수해 전체 기간의 이자소득을 더 높일 수도 있습니다. 그런데 이 전략은 이렇게 해서 얻게 되는 추가적인 이자소득과 첫 번째 매도에서 발생한 자본손실을 비교해 이자소득이 큰 경우에만 의미가 있습니다.

이러한 사례가 조금 복잡하게 느껴지실 수 있습니다. 보유하고 있는 채권의 여러 조건을 알고 있어야 할 뿐 아니라 매수가격, 그 당시 매수 금리, 지금 적용되는 금리 등 다양한 변수를 알고 있어야 계산이 가능하기 때문입니다. 하지만 걱정하실 필요 없습니다. 일단 이자소득은 그냥 처음에 매수한 금리에 내가 보유한 일수를 곱하고 365일로 나누면 됩니다. 5% 채권을 100일 보유했다면 '(0.05×100)/365'로 계산하면 된다는 것이지요. 여기에 처음 투자한 돈을 곱하면 그게 채권투자를 통해 이자로 얻은 대체적인 소득입니다.

자본이득이 조금 복잡할 텐데요, 이 경우에는 앞에서 설명드린 듀레이션(수정 듀레이션)을 이용합니다. 정확한 값은 아니지만, 판단을 내리기에는 크게 부족함이 없기 때문입니다. 예를 들어 앞서 매수한 시점 금리가 5%이고 100일이 지난 지금 4%로 해당 채권금리가 떨어졌다고 생각해봅시다. 그리고 지금 채권의 수정 듀레이션은 2.5년이라고 가정해봅시다. 그러면 자본이득은 대체로 '1%×2.5'로 계산됩니다. 따라서 앞서의 이자소득에 2.5%를 더해주면 지금까지 총수익률이 되는 것이죠.

그렇다면 이제 판단을 해봅시다. 나는 3년을 계획하고 채권에 투자했는데, 100일이 지나 금리가 떨어졌고, 그래서 총수익률이 높아졌고 지금 매도를 했습니다. 그런데 지금 금리는 100일 전보다 낮고, 다시 투자하려면 나머지 기간 2년 265일 동안에는 낮은 이자소득을 감수해야 합니다. 전체 기간을 놓고 보면 총수익률에 큰 차이가 나지 않겠지요. 하지만 매도한 금리보다 조금 더 높은 금리의 비슷한 채권을 구할 수 있거나, 짧은 기간 내에 금리가 올라 원래 샀던 채권을 다시 5%에 살 수 있는 경우에는 총수익률을 높일 수 있습니다. 앞서 전망들이 빛을 발하는 경우지요. 이러한 접근 방법이 총수익률을 기준으로 한 채권투자입니다.

한편, 개별 채권을 보유할 것인가 아닌가를 결정할 때 내 투자 기간도 중요하지만, 채권 자체의 경과 및 잔존 기간도 중요합니다. 앞에서 우리는 몇 가지 채권 용어를 공부하면서 경과 기간과 잔존 기간에 대해 배웠습니다. 경과 기간은 채권을 발행한 후 특정 시점까지 흐른 기간이고, 잔존 기간은 그 특정 시점부터 만기까지 남은 기간을 말하는 것입니다. 만기 보유와 중도 매도를 놓고 의사결정을 할 때는 이 개념을 적용해보는 게 효과적입니다.

예를 들어 채권을 산 후 경과 기간이 많이 지났다면, 즉 잔존 기간이 짧아지면 채권의 수정 듀레이션은 짧아집니다. 이때는 금리가 올라서 나타나는 자본손실이나 금리가 내려서 나타나는 자본이득이 작아집니다. 반면 잔존 기간이 많이 남았다면 얘기가 달라집니다. 조금 손실이 나더라도 팔고 새롭게 더 높은 금리의 채권을 사는 것도 방법일 수 있고, 이익을 실현하고 더 높은 금리의 채권이 나타나길 기다리는 것도 방법일 수 있습니다. 다만, 이 모든 경우를 고려하지 않고 만기까지 보유하면 원래 계획했던 이자소득을 실현할 수 있다는 점은 언제나 중요합니다. 복잡한 매도 결정이 싫다면 만기까지 채권을 보유하면 된다는 얘기지요.

장기채권과 단기채권 중
어떤 것이 좋을까?

장기채권과 단기채권 중 어떤 채권에 투자할 것인가를 결정하는 데 있어서도 역시 제일 중요한 고려 사항은 '내가 생각하는 투자 기간'입니다. 만기까지 보유할 때 원금이 보전된다는 점이 채권투자가 갖는 대표적 장점이라는 것을 고려하면 투자 기간과 채권의 만기를 맞추는 것은 채권투자의 안정성을 높이고, 중간에 새로운 의사결정을 할 필요가 없는 전략이라 할 수 있습니다.

하지만 중간에 매매를 통해 조금 더 적극적으로 수익률을 올리려는 투자자들은 장기채권과 단기채권 중 어떤 것이 더 좋을까를 고민해볼 필요가 있습니다. 여기에서 좋을까 나쁠까라는 표현은 물론 투자 관점에서입니다. 어떤 잔존 만기의 채권이 더 나은 투자수익률을 올려줄 것인가? 이게 맞는 표현이겠지요.

이에 대해 합리적인 판단을 내리기 위해서는 무엇보다 먼저 시장에서 장기와 단기 금리가 서로 다른 폭과 방향으로 움직일 수 있다는 점을 기억해야 합니다. 앞에서 잔존 만기에 따른 시장금리를 나타내는 수익률곡선을 살펴본 것을 떠올려보시기 바랍니다. 이 수익률곡선은 우선 채권이 잔존 만기별로 서로 다른 금리를 적용받는다는 점을 알려줍니다. 예를 들어 1년 후에 만기가 돌아오는 국채와 5년 후에 만기가 돌아오는 국채는 서로 다른 금리를 적용받는다는 것이지요.

이렇게 서로 다른 금리를 적용받는다는 점은 각각의 금리가 서로 다른 요인들에 의해 영향을 받는다는 점을 의미하고, 같은 요인에 대한 반응도 장기와 단기 금리에서 각각 다르게 나타날 수 있다는 점을 의미합니다. 예를 들어 정책금리를 올렸을 때 1년 만기 국채금리와 5년 만기 국채금리가 서로 다르게 움직인다는 얘기입니다.

따라서 수익률곡선의 이러한 성격을 잘 파악하고 분석하면 채권투자에 효과적으로 활용할 수 있습니다. 수익률곡선의 현재 모양을 살피고 앞으로 수익률곡선이 어떻게 바뀔 것인지에 대해 적절히 예상하면 채권투자에서 돈을 지키고 벌어들이는 데 도움을 받을 수 있다는 것입니다.

앞에서도 설명했던 것처럼 일반적으로 수익률곡선은 우상향의 모양을 갖습니다. 기간이 길어질수록 돈을 빌려주고 포기해야 할 시간 가치를 보전하기 위해 더 많은 금리를 요구하는 게 일반적이기 때문입니다. 하지만 실제 시장에서는 때때로 수평이거나 심지어 장단기 금리가 역전되는 때도 있습니다. 경기에 대한 전망, 통화정책, 수급 등 다양한 요인들이 영향을 미치기 때문입니다.

그럼에도 불구하고 언젠가는 시간 가치가 다시 작동할 가능성이 높기 때문에 만약 수익률곡선이 평평하다면, 단기채권에 투자하고 보유하고 있는 장기채권을 파는 것이 이득인 경우가 많습니다. 장기채권은 단기채권보다 금리가 높은 게 보통인 상황에서 수익률곡선이 평평하다면, 만기가 길다는 이유로 자연스럽게 주어지는 기간 프리미엄을 받을 수 없다는 얘기니까요.

게다가 수익률곡선이 일반적으로 우상향의 경향성을 갖는다는 점은, 수익률곡선을 평평하게 만들거나 역전시키는 요인들이 사라지고 정상화되기 시작할 때 장기금리 상승폭이 단기금리에 비해 상대적으로 빠를 수 있다는 점도 고려해야 합니다. 이때 채권가격이 낮아질 텐데요, 장기채권은 듀레이션이 크기 때문에 장기금리 상승폭이 빠르면 가격 하락폭도 훨씬 크게 나타날 수 있습니다. 심지어 장기와 단기 금리가 같은 속도로 오르더라도 장기채권에 투자할 때 상대적으로 더 큰 손실을 기록하게 됩니다.

하지만 자본이득이 목적인 투자자는 이러한 경우에도 금리 전망에

■ 수익률곡선에 따른 투자 의사결정

수익률곡선이 역전되어 있을 때	수익률곡선의 우상향 기울기가 가파를 때

- 주로 정책금리 인상 사이클에서 나타남
- 이자소득보다 자본이득에 집중
- 이자소득은 단기채권투자가 유리
- 다만, 정책금리 인상 사이클이 끝나면 금리
  하락 가능성이 커 장기채권 매수 유리
	- 주로 정책금리 인하 사이클에서 나타남
	- 이자소득에 관심을 기울여야 함
	- 이자소득은 장기채권투자가 유리
	- 다만, 정책금리 인하 사이클이 끝나면
	  금리 상승 가능성이 커 장기채권 위험 증대

근거를 두고 장기채권을 살 수 있습니다. 이 투자자들에게는 목표로 하는 기간 중의 금리 방향성이 다른 어떤 요인들보다 더 중요한 투자 근거이기 때문이지요.

위의 표에서는 만기까지 보유하는 투자자, 이자소득에 관심이 있는 투자자, 자본이득을 얻는 것이 주목적인 투자자 등을 포함해 수익률 곡선이 역전되어 있을 때와 수익률곡선의 기울기가 일반적인 경우보다 가파를 때 일반적 투자자들이 각각 어떻게 의사결정을 내리는 것이 바람직할지를 설명했습니다.

먼저, 수익률곡선이 역전되어 있을 때는 정책금리 인상이 빠르게 나타날 때임을 고려해야 합니다. 경제 상황을 식히기 위해 긴축을 행해야 하는 시급성이 큰 경우라고 할 수 있습니다. 최근 미국의 경우를 생각할 수 있을 텐데요, 2023년 8월 현재 미국의 정책금리는 5%를 넘었지만, 10년 만기 국채금리는 4%대 초반에 불과합니다. 이 경우에는 단기투자에 따른 이자소득이 많고 금리가 올라도 타격이 작은 단기채권에 집중해야 합니다.

다만, 이러한 상황은 금리 인상 사이클의 말미에 경기 침체가 나타나면서 향후에는 장기와 단기를 막론하고 전반적으로 금리가 크게 떨어질 수 있음을 의미합니다. 따라서 경기 침체로 금리 인상이 중단될 것으로 예상되는 시점부터는 금리가 내릴 때 가격 상승률이 높은 장기채권을 매수해 자본이득을 극대화할 필요가 있습니다.

수익률곡선이 일반적인 경우보다 가파른 경우는 주로 정책금리를 큰 폭으로 내릴 경우입니다. 과거 각국의 정책금리와 장단기 금리 차이의 추이를 살펴보면 일반적으로 정책금리 인하 시기에 수익률곡선이 가팔라졌음을 알 수 있습니다. 채권투자자들이, 정책금리를 내리면 언젠가는 경기가 부양되어 회복세로 돌아서거나, 그렇지 않더라도 물가가 올라 금리가 전반적으로 오를 것이라 예상하기 때문이죠. 이때는 이자소득 측면에서 장기채권이 상대적으로 유리합니다.

다만, 이 경우에는 금리 인하 사이클의 마지막 순간이 되면 전체적인 금리는 오르기 시작한다는 점을 기억해야 합니다. 특히 인하가 마무리되는 주된 이유는 진행됐던 정책금리 인하가 효과를 나타내 앞으로 경기가 회복되거나, 물가가 오를 것으로 예상되기 때문입니다. 이럴 때는 상당 기간 장기채권투자를 중단하는 게 바람직합니다.

그런데 지금까지의 논의를 종합해보면, 수익률곡선을 감안해 장기금리와 단기금리의 변화에 따라 투자 전략을 수립할 때는 내가 원하는 이자소득과 자본이득에 대한 정의, 즉 투자 기간과 자금의 성격, 내 성향이 중요한 고려 요인임을 알 수 있습니다. 이자소득만을 추구할 때 자본손실의 가능성이나, 잠재적인 자본이득을 포기해야 할 경우가 생길 수 있기 때문입니다. 따라서 채권투자 전에는 제일 먼저 자신의 목표를 분명하게 해야 한다는 점을 다시 한번 되새겨야 하겠습니다.

수익률곡선 모양을 이용한 전략: 롤링 효과

다양한 이유들이 수익률곡선의 모양에 영향을 미치지만, 역시 일반적인 경우 수익률곡선은 우상향의 모양을 갖습니다. 특히 과거부터 관찰되어온 수익률곡선의 모양 때문에 투자자들은 여러 가지 전략을 수립해왔습니다. 당연히 수익률곡선이 일반적인 기울기를 가질 때도 고려하면 좋은 전략이 있습니다. 이른바 수익률곡선의 '롤링 효과(Rolling Effect)'를 이용한 방법입니다.

채권시장에서 얘기하는 수익률곡선의 롤링 효과는 한마디로 시간에 걸쳐 채권금리가 자동적으로 내려가는 효과라고 할 수 있습니다. 채권금리가 가격과 반대 방향으로 움직인다는 점을 감안하면 가격이 자동적으로 올라간다는 얘기겠지요. 이 같은 점은 채권이 만기를 갖기 때문에 나타나는 현상입니다. 정상적인 수익률곡선 하에서라면 만기가 짧아짐에 따라 금리가 내려가니 당연한 일이겠지요.

게다가 실제로 수익률곡선을 관찰해보면 다음과 같은 현상이 나타납니다. 초단기부터 어느 정도의 만기까지는 시장금리가 가파른 곡선을 보이다가 특정 지점이 지난 후부터 금리가 완만하고 평평해지는 경향을 보입니다. 여기서 큰 롤링 효과가 생깁니다. 이러한 효과가 나타나는 이유는 무엇일까요? 일단 단기 영역에서 수익률곡선이 가파른 형태를 보이는 것은, 만기에 가까워질수록 만기 보유에 따른 안정성이 더 크게 느껴지기 때문이라고 할 수 있습니다. 앞으로 금리가 어떻게 변하든 단기채권은 가격 변동성이 크지 않기 때문에 위험이 작아진다고 볼 수 있습니다.

장기 영역에서는 주로 수요 측면의 요인이 영향을 미칩니다. 금융시장에는 연기금이나 보험회사 등 장기채에 대한 특수한 수요가 존재하며 장기채일수록 가격 변동성이 커서 공격적인 투자자들이 참여합니다. 연기금이나 보험회사는 기본적으로 연금을 받거나 미래에 보장을 받는 등 장기적인 목적을 바탕으로 조성된 자금을 운용해야 합니다. 이 경우 수익률을 극대화하는 것도 중요하지만, 나중에 돈을 돌려주거나 보장을 이행해야 할 때 적절한 돈을 마련해야 하는 것이 훨씬 더 중요합니다. 그래서 가급적이면 만기가 많이 남은 채권을 매수해 보유하는 방식으로 위험을 피합니다. 앞으로의 금리 전망은 늘 틀릴 수 있고, 주식처럼 정해진 바가 없는 자산을 많이 사놓을 수도 없습니다. 그런데 경제 발전과 고령화 등이 진전되면서 이러한 장기자금의 규모는 점점 커질 수밖에 없습니다. 앞으로 성장률과 물가가 안정될 것이라는 믿음도 영향을 주겠지만, 장기 영역의 금리가 잘 오르지 못하는 것은 주로 이 때문으로 볼 수 있습니다.

게다가 앞서 채권과 금리 간 관계를 나타내는 그래프를 떠올려보면 원점에 대해 볼록한 곡선임을 알 수 있습니다. 장기채권일 경우 이 곡선이 더 볼록해지는데, 이는 금리가 오르든 내리든 더 만기가 긴 채권을 보유하는 것이 상대적으로 유리함을 의미합니다. 물론 개인투자자들도 이 효과를 이용할 수 있습니다.

이 같은 점을 감안하면 투자자들은 수익률곡선을 그려놓고 롤링 효과가 커지기 시작하는 만기의 채권을 매수해 금리가 빠르게 떨어진 후 (즉, 롤링 효과가 극대화된 후) 매도하는 방식으로 전략을 짤 수 있습니다. 다음 [롤링 효과를 이용한 채권투자 전략] 그림에서 'Rolling Effect'라고 표시한 구간을 매매 구간으로 삼아 채권을 사고팔거나, 금리가 시간 가치를 반영한 빠른 하락을 시작하지 않은 만기의 채권을 골라 만기까지 보유하는 방법을 사용할 수 있겠지요.

한편, 일반적인 수익률곡선과 각 채권의 금리를 비교하는 김에 여러 채권을 놓고 만기와 금리 간 관계를 점으로 찍어보면 또 다른 전략의

■ 롤링 효과를 이용한 채권투자 전략

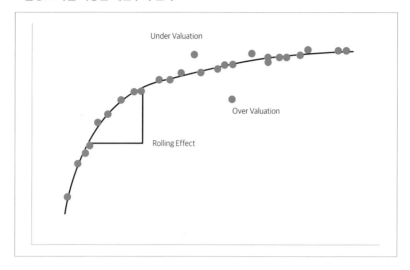

기회가 나타납니다. 수익률곡선은 주로 신용 위험이 없는 국채를 대상으로 그리기 때문에 완만한 곡선처럼 보이는 경우가 많은데, 시장에 존재하는 다양한 채권을 다 찍어보면 상대적으로 저평가되거나 고평가된 종목을 찾을 수 있기 때문입니다.

이러한 저평가에는 다양한 이유가 있을 수 있습니다. 신용 위험이 이유일 수도 있지만, 일시적인 수급 불일치와 단기적인 유동성 부족 등에 기인한 경우도 있습니다. 예를 들어 같은 신용등급의 채권이더라도 전체적인 발행 물량이 작아 유동성이 떨어지는 채권은 상대적으로 높은 금리에 거래되는 경우가 있습니다. 이때는 투자자에게 기회가 됩니다. 특히 만기까지 보유할 계획인 투자자 입장에서 보면 유동성은 큰 문제가 되지 않기 때문에 내 투자 계획과 자금의 성격을 잘 판단한 후 해당 채권을 매수할 필요가 있습니다.

이제 종합해보겠습니다. 앞의 [롤링 효과를 이용한 채권투자 전략] 그림을 보면 가운데 곡선은 일반적인 수익률곡선입니다. 그리고 점들은 각각 채권의 만기와 금리를 나타낸 것입니다. 그런데 중간 위쪽에 'Under Valuation'이라는 점이 보입니다. 그 점은 어떤 채권이 일반적인 수익률곡선보다 높은 금리로 거래되고 있다는 것을 나타냅니다. 그리고 만기가 짧아질수록 만기 변화보다 금리 변화가 크게 나타납니다. 따라서 'Under Valuation'에 포함된 채권을 사고 'Rolling Effect'라고 표현된 기간만큼 보유한 후 매도하면 수익률을 극대화할 수 있습니다. 롤링 효과, 저평가된 채권의 정상화 효과가 더해져 수익률이 더 높아질 수 있다는 얘기입니다.

반대로 현재 내가 'Over Valuation'이라고 표현되어 있는 채권을 보유하고 있을 수도 있습니다. 단기적으로 수요가 몰린 특정 만기의 채권, 긍정적인 이슈가 있는 기업이 발행한 채권이 해당될 텐데요, 이때는 매도를 통해 자본이득을 극대화하는 것이 바람직합니다. 이러한 이슈의 지속 가능성이 문제겠지만, 해당 채권도 만기가 되면 이러한 이슈에 따른 효과는 없어지고, 원금만을 받을 수 있기 때문에 고평가된 채권을 장기 보유할 이유는 크지 않습니다. 오히려 고평가된 채권을 팔고, 저평가된 새로운 채권을 찾는 것이 더 유리합니다.

물론 전체적으로 수익률곡선이 상향하는 경우, 즉 모든 만기 채권의 금리가 오르는 경우에는 이러한 롤링 효과 전략으로도 손실이 발생할 수 있습니다. 롤링 효과에 따른 금리 하락폭보다 시장금리 상승폭이 큰 경우겠지요. 하지만 이 경우에도 손실폭은 다른 투자 대안보다 상대적으로 작을 것입니다. 특히 저평가된 채권을 적절하게 고른 경우에는 더욱 상대적 이점이 커집니다.

개인투자자는 너무 큰
신용 위험을 지지 말자

개인투자자들에게 채권투자에서 신용 위험과 관련해 중요하게 조언하는 것이 있습니다. 가급적 안전한 채권을 사라는 내용입니다. 특히 A등급 이상의 채권에 투자하라고 권합니다. 위험이 실제 발생했을 때 타격이 너무 크기 때문입니다. 앞서 채권투자의 위험을 설명할 때 가격 위험, 즉 금리가 생각과 달리 움직여서 투자수익률이 낮아질 위험은 자주 나타나지만, 발행자가 원리금 상환에 실패할 신용 위험은 드물게 나타나지만, 한 번 나타나면 충격이 크다고 했습니다. 반드시 기억해야 합니다.

사실 과거에는 BBB, BB 등 신용 위험이 큰 채권에 대한 투자도 많았습니다. 신용 위험이 큰 채권일수록 금리가 높기 때문입니다. 지금도 조만간 부도가 날 수도 있는 기업의 채권은 두 자릿수를 넘는 금리에 거래되기도 합니다. 부도를 걱정하는 투자자들이 채권을 팔고, 새로 사려는 투자자들도 나타나지 않기 때문입니다. 가격이 싸지는 것이지요.

이러한 채권들에 투자할 때 걱정도 덜 하는 편이었습니다. 부도가 나도 다양한 방식으로 기업의 부도를 처리하거나 기존의 채권 또는 대출을 재조정해주는 역할을 하는 채권단(주로 금융기관과 연기금)들이 자신들의 의지대로 채무를 재조정하기 위해 개인들에게는 대체로 원리금을 지급해줬기 때문입니다. 개인들의 채권투자 규모가 크지 않아 이들의 원리금을 상환해줘도 부도 기업을 처리하는 데 별다른 영향은 없었고, 반대로 워크아웃이나 화의, 법정관리 등 업무 처리의 효율성을 높일 수 있었습니다.

하지만 이제는 그런 관행이 거의 사라졌습니다. 부도 위험이 높아질수록 금리가 높아지고, 높아진 금리가 개인투자자들의 채권 매수로 이어지면서, 막상 부도가 난 시점에 해당 채권 보유자 중 개인의 비중이 높아졌기 때문이지요. 기업이 부도가 나면 우선 채권부터 상환해야 하는데, 개인들이 보유한 채권을 갚고 나면 기관투자자로 이뤄진 채권단의 부담이 커졌습니다. 이런 큰 부담을 안고 부실 기업을 처리하는 것은 어려운 일입니다. 따라서 이제는 개인투자자들도 부도가 날 만한 기업의 채권을 살 때는 원금의 상당 부분 또는 전부를 잃을 각오를 해야 하는 상황이 됐습니다. 내 돈을 지키려면 상대적으로 안전한 채권을 선택해야 한다는 얘기지요.

물론 기관투자자 중에는 신용등급이 낮은 위험한 채권들을 사는 경우가 있습니다. 하지만 기관투자자들이 이러한 채권을 살 수 있는 것은 이들이 개인투자자들에 비해 두 가지 강점을 가지기 때문입니다. 첫째는 분석 능력입니다. 안전한 기업의 신용 위험을 평가하는 데 있어서는 기관투자자와 개인투자자들 차이는 없습니다. 예를 들어 삼성전자의 신용 위험은 누가 평가해도 큰 차이가 없고, 특별한 분석을 필요로 하지도 않습니다. 하지만 신용 위험이 큰 채권의 경우에는 사정이 다릅니다. 기관투자자들은 해당 기업에 탐방을 가거나 재고를 조사하는 등의 활동을 통해 수시로 기업 상황을 점검할 수 있지만, 따로 생업이 있는 개인투자자의 경우에는 그럴 수 없습니다. 증권회사나 신용평가회사의 분석을 찾아볼 수 있지만, 수많은 채권의 분석 자료가 모두 구비된 것은 아닙니다.

더 중요한 차이는 포트폴리오 구성에 있습니다. 개인투자자는 기관투자자와 달리 포트폴리오를 구성하기 어렵습니다. 자금의 양이 작기 때문입니다. 포트폴리오를 구성하기 어렵다는 점은 다양한 투자를 통해 위험을 분산하는 게 쉽지 않다는 점을 의미합니다. 예를 들어 기관투자자들은 대규모 자금을 바탕으로 100개의 위험한 채권을 전체 자금의 1%씩 살 수 있습니다. 그런데 그중 한두 개가 부도가 났다고 해 봅시다. 전체 포트폴리오 수익률에 어떤 영향이 있을까요? 두 개의 채권이 부도가 나 원리금을 모두 돌려받지 못한다고 해도 −2% 정도로 포트폴리오 손실이 통제됩니다. 위험한 채권의 평균 금리가 7%였다면 두 개 채권이 부도가 나도 5% 수익률 달성이 가능합니다.

그런데 개인은 자금 사정으로 두 개 또는 많아야 10개 정도 이내의 종목을 살 수 있습니다. 만약 어떤 투자자가 두 종목의 채권을 내 자금의 50%씩 샀는데 하필 하나가 부도가 나면 손실이 매우 큽니다. 원리금 상환이 불가능한 상태라면 두 종목을 보유함으로써 −50%의 손실 충격을 받게 되는 것이지요. 설사 다른 채권의 금리가 10%를 넘고 부도가 나지 않는다고 해도 전체 투자자금의 40%를 회수할 수 없는 상황에 빠지게 됩니다.

이러한 점을 고려해 개인투자자는 A등급 이상 채권에만 투자하는 것이 바람직하다고 생각합니다. 그리고 이렇게 신용 위험이 통제되고 나면 금리 변동이나 수익률곡선의 모습과 움직임을 감안한 전략을 구사하는 데도 훨씬 편안한 입장이 됩니다. 높은 금리가 유혹하겠지만, 내 돈을 지키는 것이 불리는 것보다 훨씬 더 중요한 덕목이라는 점을 기억하시길 바랍니다.

2023년 이후 중기 채권투자 전략, 경기 판단이 중요

앞서 개인투자자들은 신용 위험을 크게 지지 않고, 중기적인 기간을 투자 기간으로 삼는 것이 바람직해 보인다는 얘기를 했습니다. 이러한 조건을 만족했다는 가정하에 2023년 이후 중기적인 채권투자 전략을 고민해봅시다.

하지만 그 전에 먼저 우리 경제를 둘러싼 추세적인 환경에 대해 살펴볼 필요가 있습니다. 투자 기간에 따른 전망 방법에서 밝혔듯이 장기 추세를 결정하는 환경은 큰 압력으로 우리 경제와 금리에 영향을 미치기 때문입니다. 경기 사이클의 등락을 거듭하는 과정에서도 이러한 장기 추세가 큰 방향성을 결정한다는 얘기입니다.

이러한 관점에서 보면 우리나라는 지난 20여 년간의 금리 하락 압력이 여전히 작동하고 있지만, 글로벌 경제의 관점에서는 금리 상승 압력이 작동해 우리나라 역시 영향을 받는 국면에 접어들었다고 보입니다. 즉, 금리의 대세 하락기가 마무리되었다고 볼 수도 있겠습니다. 이러한 점은 이자소득이라는 측면에서 채권투자가 예전에 비해 매력적이 되었다고도 해석할 수 있습니다.

지난 20여 년간 우리나라 금리에 압도적인 하락 압력이 나타났던 가장 큰 이유는 결국 잠재성장률의 하락입니다. 잠재성장률이란 어떤 나라가 물가를 자극하지 않는 상태에서 자신들의 자원을 충분히 활용해서 얻을 수 있는 성장률을 의미하는데, 이 성장률이 지속적으로 떨어져 온 것입니다. 이 잠재성장률 추정치는 한국은행이나 한국개발연구원 등 공공기관 또는 일부 민간 경제연구소에서 발표하는데, 2022년 말 한국개발연구원은 현재 2%대 초반에서 2050년 0.5% 수준까지 떨어질 수 있다고 발표했습니다. 그런데 현재 2%대 초반은 과거 2000년대의 4.7%와 2010년대의 2.9%에 비해 한 단계 더 떨어진 수준입니다. 또한 과거 1990년대와 비교해보면 현재의 잠재성장률은 1/3 수준으로 내려온 상황입니다.

경제가 고도화되면서 잠재성장률이 떨어지는 것은 어찌 보면 자연스러운 일이기도 합니다. 성장의 초기 단계에는 축적해놓은 성장 기반이 취약한 대신 성장의 속도도 빠릅니다만, 성장이 진행될수록 그 속도는 느려지게 됩니다. 중국을 비롯한 저개발국의 성장률이 일반적으로 선진국보다 높은 것도 이 때문입니다. 경제학적으로는 성장을 거듭할수록 한계생산성이 떨어지는 것으로도 볼 수 있습니다. 게다가 물가역시 성장률 하락과 함께 내려가는 모습을 보이는 것이 일반적입니다. 경제가 고도화될수록 물가에 대한 기대가 안정될 가능성이 높고, 낮아진 성장률은 그 자체가 수급 불일치에 따른 물가 상승 압력을 낮추기 때문입니다.

여기에 2000년대 들어서는 글로벌 경제 관점에서 물가 하락 압력이 매우 높아졌습니다. 무엇보다 중국이 글로벌 생산 기지로 탈바꿈하면서 생산 비용이 내려갔습니다. 중국은 낮은 임금을 바탕으로 세계를 대상으로 싼 제품을 공급했고, 세계화 과정에서 선진국 주요 기업들은 중국에 진출해 낮은 비용으로 제품을 생산한 후 전 세계에 판매했습니다. 이 과정에서 자연스럽게 전 세계의 물가가 내려가게 된 것이지요.

인터넷의 발전으로 온라인 채널을 비롯해 물건값을 비교할 수 있는 각종 방법이 늘어난 것도 물가가 오르는 것을 막았습니다. 과거에는 내가 사는 지역의 매장에서 제시한 가격을 받아들여야 했지만, 가격 비교가 일상화되면서 더 싼 물건을 찾는 것이 쉬워졌고, 기업들은 이에 대응해 경쟁적으로 가격을 내릴 수밖에 없었던 것이지요.

우리나라로만 보면 인구 증가 속도가 느려지고, 최근 들어서는 인구가 감소하기 시작한 것 역시 성장률과 물가를 끌어내리는 요인으로 작용하고 있습니다. 노동력의 측면에서나 소비 여력의 측면에서 인구 증가는 성장률에 강력한 플러스 요인인데, 우리나라에서는 극단적인 저출산 기조로 인구 증가에 따른 성장률 기여가 거의 없어졌고, 이제는 마이너스 요인으로 작용할 가능성이 높아지고 있습니다.

하지만 글로벌 관점에서 보면 이러한 추세에 변화가 나타나기 시작하고 있습니다. 국내적으로 출산율은 더 떨어지고 성장률도 하락 추세를 되돌릴 만한 생산성 증대 역시 기대하기 어렵지만, 물가 상승 압력이 높아지고 있는 것입니다. 무엇보다 중국 내 인건비의 상승이 글로벌 제품 가격 상승으로 이어질 가능성이 높아진 상태입니다. 이 경우 또 다른 저개발국으로 공장이 이전될 수 있습니다만, 아직 중국을 의미 있게 대체할 만한 생산 공장은 나타나지 않고 있는 것이 현실입니다.

특히 이 과정에서 미중 패권 전쟁이 지속되면서 경제의 블록화가 진행 중입니다. 2008년 금융위기 이후 중국은 장기적으로 미국을 넘어서는 강대국이 되기 위해, 미국은 이를 막고 계속해서 절대적인 강대국의 위치를 점유하기 위해 본격적으로 경쟁을 벌이고 있는데, 이제는 그 경쟁이 정치적인 목적을 같이하는 국가들과의 연합으로 귀결되고 있습니다. 이 과정에서 나타나는 블록화는 결국 저비용 생산이라는 기업의 목표를 저해하는데, 이는 제품 가격의 상승으로 나타날 가능성이 높습니다. 여기에 코로나19 사태가 원격 생산의 위험을 인식하는 계기가 되며, 제품 생산을 위한 글로벌 가치 사슬은 큰 변화를 겪고 있습니다.

경제의 블록화와 대결 구도의 일상화는 자국이 보유한 자원을 무기화하는 데 사용해 또 다른 물가 상승 압력으로 이어집니다. 가까운 예로 러시아는 우크라이나전쟁 도발 이후 자신들에게 비우호적인 서방 세계에 대한 석유 수출을 제한해 에너지 가격을 끌어올렸습니다. 또한 인도는 자신들의 주요 수출품 중 하나인 쌀 수출을 제한해 글로벌 곡물 가격에 영향을 미치기도 했습니다. 가격이 오르면 수요가 줄어들기 때문에 이러한 국가들의 자원 무기화가 늘 성공하는 것은 아니지만, 가능한 상황에서 자원 무기화와 가격 상승이 나타날 수 있다면 기대 인플레이션이 낮게 유지되기는 어려울 것입니다.

이러한 점들을 감안하면 장기적인 관점에서 각국 금리는 장기간 이어온 하락 추세로부터 반전했을 가능성이 크고, 2010년대에 기록했던 저금리로 다시 되돌아가기는 어려울 것으로 보입니다. 우리나라 역시 마찬가지인데, 가계부채 부담과 부동산시장 급락 우려 때문에 정책금리를 크게 올리지 못한 현재 상황에서도 이미 시중금리는 저점보다 크게 높은 수준에서 형성되고 있습니다. 채권투자자 입장에서 보면 이자소득을 노린 채권투자가 한결 편안해진 상황이라고 할 수 있지요.

그럼 이제 중기적인 채권투자 전략으로 돌아오겠습니다. 중기 전략은 결국 경기 사이클과 통화정책을 감안해 수립되어야 합니다. 그런데 통화정책도 크게 보면 그 자체로 현재의 경기 또는 경기 전망에 근거하기 때문에 결국 중요한 것은 경기 사이클이라고 할 수 있습니다. 즉, 큰 흐름으로 보면 경기가 좋을 때 금리가 올라가고 나쁘다고 생각이 들면 내려가는 형태입니다.

그렇다면 2023년 우리나라 경기는 어떤 모습을 보일까요? 전체적으로 보면 부진한 상황을 이어갈 전망입니다. 2023년 중반 한국은행과 정부는 모두 우리나라의 2023년 경제성장률이 1.5%에 미치지 못할 것으로 전망하고 있습니다. 따라서 전체적으로 우리나라 금리의 상승 역동성은 떨어진 상태라고 볼 수 있습니다.

다만, 2023년 하반기를 보면 몇 가지 불안한 요인이 있습니다. 일단 2023년 하반기부터 국내 경기가 회복될 것이라는 견해가 늘고 있습니다. 물론 전체 성장률 전망치를 감안할 때 회복되더라도 속도가 빠르지 않을 가능성이 높습니다. 하지만 이 정도의 회복이라도 정책금리를 인상해야 할 수 있다는 점이 문제입니다. 현재 미국과 우리나라 정책금리 차이는 2%에 달하기 때문입니다.

미국 정책금리와 우리나라 정책금리의 차이가 크면 어떤 현상이 나타날까요? 돈의 흐름은 물과 같아서 일단 글로벌 채권투자 자금이 금리가 더 높은 미국으로 이동할 가능성이 있습니다. 그러면 국내에 투자한 외국인 자금이 이탈하며 금리가 오르고 원화 가치가 하락하겠지요. 만약 그 정도가 심해지면 한국은행은 정책금리를 올려서 자금 이동을 막으려 할 것입니다. 결국 우리나라 시장금리도 오르겠지요.

물론 정책금리 차이가 있다고 늘 이러한 현상이 나타나는 것은 아닙니다. 예를 들어 일본의 경우 미국보다 훨씬 낮은 정책금리와 시장금리가 오랜 기간 유지됐고, 지금도 유지되는 중입니다. 그런데 이런 현상이 유지되는 주된 이유는 일본 국채가 전통적으로 대부분 국내 투자자들에 의해 보유되었기 때문입니다. 그런 경우에는 외국인들의 국내 채권 매도가 심하지 않아 국가별 금리 연계성이 떨어집니다. 하지만 우리나라는 2022년 8월 기준 이미 국채 발행 물량의 20%를 외국인들이 보유하고 있습니다. 상황에 따라서는 외국인 매도가 국내 채권 및 외환시장을 불안하게 만들 수 있다는 얘기지요. 그렇다면 경제 상황이 조금 나아질 경우 한국은행이 정책금리를 올리지 않을 이유가 없을 것입니다. 이런 상황에서는 시장금리도 떨어지기보다는 오를 가능성이 높겠지요.

그렇다면 2024년은 어떨까요? 저는 2024년에 경기가 회복되더라도 그 힘은 크지 않을 것으로 봅니다. 일단 금리가 높은 수준이기 때문이죠. 높은 금리는 기업들의 투자심리를 위축시키고, 개인들의 대출 수요도 줄입니다. 그리고 완만한 경기 회복은 물가 상승 압력을 줄일 것으로 예상됩니다. 이러한 점은 미국과 우리나라 중앙은행이 정책금리 인하에 나설 수도 있음을 의미합니다. 따라서 2024년에는 일시적으로 시장금리가 하락하는 현상이 나타날 가능성이 높습니다.

이런 기조에서 채권투자를 어떻게 하면 좋을까요? 이 책에서 일관되게 하는 말씀이지만, 금리가 내릴 것 같으면 미리 사두고 오를 것 같으면 미리 팔아두면 됩니다. 하지만 이 말은 너무 일반적이기 때문에 2023년과 2024년만 떼놓고 말씀드리겠습니다. 저는 2023년 하반기는 채권을 사는 시기라고 생각하고, 2023년 연말과 2024년 연초에는 팔 기회를 노리는 것이 좋다고 봅니다. 그리고 이때 매각한 후 다시 매수할 타이밍을 기다리면 효과적이지 않을까 생각합니다.

사실 이러한 투자는 중기투자보다는 조금 더 단기투자에 가깝습니다. 그리고 개인투자자가 이렇게 단기적으로 사고파는 전략을 사용하는 것은 적극적으로 권하지 않습니다. 하지만 지금은 경기와 정책금리 사이클의 변곡점에 있습니다. 이렇게 변곡점에 있을 때 자금이 충분하다면 변동성을 활용하는 것도 방법일 수 있습니다.

"금리가 그냥 크게 움직이지 않고 그대로 가면 어떻게 하느냐?"라고 질문하는 분도 있습니다. 저는 '패턴'이 존재하니 그것은 걱정하지 않아도 된다고 이야기합니다. 또한 채권의 속성을 이해한다면 팔 타이밍을 놓치는 것을 크게 염려하지 않아도 됩니다. 예를 들어 앞으로 경기침체가 되면서 금리가 내릴 거라고 생각을 했는데 그렇지 않았다면 자본이득을 실현할 기회가 사라졌다고 생각할 수 있습니다. 하지만 시간이 흘러가서 1~2년 정도가 지나고 나면 자동으로 이만큼 금리가 내려가는 효과가 있습니다. 앞에서 우리가 살펴본 수익률곡선 상의 롤링 효과 때문입니다.

변동성을 활용해 자본이득을 노리지 않고 하반기 중 2~3년 만기의 채권을 사서 만기 보유하는 것도 좋은 방법으로 생각됩니다. 미래는 누구도 알 수 없지만, 정책금리 인하 사이클이 되면 시장금리는 그 전보다 낮은 수준을 유지할 가능성이 높고, 하락 후 상승한다고 해도 지금 현재의 금리 수준 이상으로 되돌아올 것인가 불투명하기 때문입니다. 실제로 지난 2022년과 2023년 중 진행된 정책금리 인상은 1970년대 이후 가장 빠르고 컸습니다. 물가 때문이었지요. 2024년 이후 물가가 2022년만큼 오르지 않는다면 경기가 회복된다고 해도 금리 인상폭이 더 크기는 어렵습니다.

한편, 이렇게 만기 보유를 고려할 경우에는 국채보다 회사채가 좋습니다. 경기가 좋을 때 회사채는 금리가 오르는 힘도 받지만, 회사가 튼튼해지면서 신용 위험의 하락이 함께 나타나기 때문에 상대적으로 금리 상승을 상쇄시켜줄 가능성이 있습니다.

다만, 회사채를 사더라도 역시 신용등급이 A등급 이상인 안전한 채권을 사시는 게 좋습니다. 경기 침체 기간 채권에는 크게 두 개의 위험이 있습니다. 궁극적으로는 모든 게 금리에 다 반영되지만, 국채금리나 기준금리 등이 움직일 때 생기는 금리 변동과 가격 변동의 위험이 있습니다. 또 하나는 신용 위험입니다. 즉, 원리금을 못 갚을 확률이 높아진다는 것입니다. 경제가 나빠지면 기업들이 못 갚을 확률이 커지는 것은 맞습니다.

그런데 회사채를 사면 우량 등급이라도 위험하지 않을까요? 그렇지 않습니다. 100%라고 주장할 수는 없지만, 역사적으로 보면 신용등급 AAA나 AA, 심지어는 A등급 정도에서도 실제로 부도가 나는 것은 굉장히 미미한 수준입니다. 확률적으로 굉장히 드문 일이죠. 이런 수준의 부도 확률을 가진 회사채를 매수하며 걱정하는 건 지나친 우려라고 볼 수 있습니다.

개인이 채권에 투자하는 방법:
직접투자와 간접투자

채권 직접투자와 간접투자는 이미 앞에서 살펴본 내용입니다. 중요한 부분이기에 한 번 더 정리하고자 합니다.

개인이 채권에 투자하는 방법은 크게 직접투자와 간접투자로 나뉩니다. 직접투자는 증권사와 은행을 이용하면 되고, 간접투자는 자산운용사의 채권형 펀드를 사면 됩니다. 때에 따라서는 한국거래소에 상장되어 있는 ETF를 살 수도 있습니다.

그렇다면 두 가지 방법의 공통점과 차이점은 무엇일까요? 가장 핵심적인 공통점은 투자에 있어 금리 전망이 중요하다는 점입니다. 직접 채권을 살 때도 금리가 높을 때, 즉 가격이 쌀 때 사고, 금리가 낮을 때 파는 것이 좋은 것처럼, 간접투자를 하는 경우에도 금리가 높을 때 펀드를 사고 낮을 때 환매하는 것이 유리합니다. ETF 역시 금리 수준에 따라 가격이 움직이기 때문에 금리가 높을 때 싸고 낮아지면 비싸집니다. 금리 전망에 따라 사고팔면서 수익을 극대화하는 것은 어떤 채권형 상품을 선택하는 경우에도 마찬가지라는 얘기입니다.

하지만 직접투자의 경우와 달리 펀드는 만기가 없고, 대부분의 경우 특정 만기 또는 듀레이션을 유지하는 방식으로 운용되기 때문에 만기가 정해진 채권 직접투자가 얻을 수 있는 몇 가지 장점을 누리지 못합니다. 여러 차례 지적한 바와 같이 채권 직접투자가 좋은 이유 중 하나는 적절하게 안전한 채권을 사면 금리가 어떻게 변하든 만기까지 보유할 경우 원리금 상환이 보장된다는 점인데, 간접투자를 하면 이러한 이점을 살리지 못하겠지요.

또 하나는 간접투자를 할 경우에 롤링 효과를 직접적으로 얻지 못할 수 있다는 점입니다. 만기에 가까워질수록 수익률곡선을 따라 자연스럽게 금리가 내려가는 현상을 이용해 수익을 극대화하려면 직접 채권을 사야 합니다. 물론 간접투자의 경우에도 펀드매니저가 이러한 점을 활용해 펀드 전체의 수익률을 제고할 수 있습니다. 그리고 그 결과가 펀드의 기준가 상승으로 이어져 투자자에게 돌아갈 것입니다.

세금 측면에서도 직접투자가 유리한 경우가 많습니다. 채권에 직접투자하면 이자소득에 대한 분리과세 또는 종합과세가 적용되지만, 간접투자의 경우에는 이자소득과 자본이득 모두가 반영된 전체 수익에 대해 과세가 되기 때문이지요. 이와 관련해서는 앞서 채권 관련 세제 부분에서 설명해놓았으니, 다시 한번 살펴보시길 바랍니다.

물론 간접투자의 장점도 있습니다. 일단 매수와 환매 시점만 결정하면 그다음에는 달리 고민할 것이 없다는 점입니다. 바쁜 직장생활 와중에 개별 채권에 대해 신경 쓰며 투자하는 것은 쉽지 않은 일이지요. 특히 단기 직접투자를 하려면 관련 뉴스를 꼼꼼하게 체크하고 분석해야 하는데, 이러한 일에는 많은 노력이 필요합니다. 반면 간접투자를 해놓으면 그러한 고민을 펀드매니저가 알아서 해주기 때문에 노력을 절약할 수 있습니다.

그럼에도 불구하고 이 책을 통해 저는 일관되게 채권의 직접투자를 권하고 있는데, 이는 채권에 직접투자를 하는 방법이 과거보다 훨씬 간편해졌고, 직접투자의 유리한 점들이 존재하기 때문입니다. 특히 채권투자를 하는 노력이 적절한 경우에는 채권 자체의 투자수익뿐 아니라 투자하고 있는 다른 자산의 수익을 끌어올리는 데 도움을 준다는 점 역시 기억해야 합니다.

마지막으로 채권 직접투자가 어려울 때는 증권사 창구를 적극적으로 활용할 필요가 있습니다. HTS/MTS를 이용한 채권 매매가 가능하지만, 아직도 채권이 익숙하지 않은 분들은 증권사가 보유하고 있는 채권 중 본인에게 적합한 것을 골라서 투자할 수 있습니다. 최근 들어서는 증권사 간에 채권 판매를 위한 경쟁이 심해져서 그 결과로 투자 비용 역시 감소하는 중입니다.

또한 일부 증권사들은 장내거래 이외에 장외거래 플랫폼을 만들거나 채권을 토큰화(Security Token, ST)해서 거래할 수 있도록 시스템을 개발 중이기도 합니다. 아직까지 이러한 플랫폼이 활성화되어 있진 않지만, 채권 직접투자를 통해 노하우가 쌓이면 플랫폼이 활성화될 경우 누구보다 먼저 이를 활용할 수 있는 무기를 갖게 될 것으로 판단합니다.

지금까지 내 돈을 지키고 불리기 위한 채권투자 방법을 공부했습니다. 최근 왜 채권 열풍이 불었는지부터 시작하여 채권이란 무엇인지, 채권에 어떤 것들이 있는지를 살펴보고 시장금리 전망을 통한 채권가격 예측, 채권투자의 위험성 극복에 대해 알아보았습니다. 기본적인 채권 지식을 바탕으로 채권에 투자하는 전략까지 두루두루 익혔습니다.

채권도 자본시장에서 거래되는 금융자산이기 때문에 가격이 늘 변하고, 잘못 선택한 경우에는 원리금 상환에 어려움을 겪을 수 있습니다. 하지만 잘 선택한 채권을 적절한 전망하에 사고팔 수 있다면 금융시장에서 돈을 벌고 지킬 수 있는 하나의 무기를 더 갖게 될 것입니다.

최대한 쉽게 쓰려고 했지만, 이 책의 내용이 어떤 분에게는 조금 어려웠을 수도 있습니다. 반면 너무 쉬워서 공부할 게 별로 없었다고 불평하는 분도 계실지 모르겠습니다. 하지만 주식투자를 하시는 분이라면 모두 느끼시듯 투자의 세계는 공부의 연속입니다. 운도 물론 중요하지만, 끊임없이 공부하는 사람이 더 높은 수익률과 더 안전한 수익률을 얻을 수 있습니다. 심지어 운도 공부하는 사람에게 더 따라옵니다.

앞으로도 계속 채권에 관심을 두고 공부하시다 보면 금융시장에 주식과 예금 이외에도 우리가 더 많은 대안을 무기로 사용할 수 있음을 아시게 될 것입니다.

여러분의 성공적인 채권투자를 기원합니다. 감사합니다.

나의 첫
채권투자 교과서

1판 1쇄 발행 │ 2023년 9월 12일
1판 3쇄 발행 │ 2024년 7월 25일

지은이 최석원
펴낸이 김기옥

경제경영팀장 모민원
기획 편집 변호이, 박지선
마케팅 박진모
경영지원 고광현, 임민진
제작 김형식

인쇄 · 제본 민언프린텍

펴낸곳 한스미디어(한즈미디어(주))
주소 04037 서울특별시 마포구 양화로 11길 13(서교동, 강원빌딩 5층)
전화 02-707-0337 │ 팩스 02-707-0198 │ 홈페이지 www.hansmedia.com
출판신고번호 제 313-2003-227호 │ 신고일자 2003년 6월 25일

ISBN 979-11-6007-960-9 (13320)